ICV

Intelligent
Connected
Vehicle

**智能网联汽车
核心技术丛书**

# 智能网联汽车

## 智能座舱技术

迟晓妮　张洪利　单红艳　杨爱喜　著

U0314241

化学工业出版社
·北京·

## 内容简介

  《智能网联汽车智能座舱技术》是"智能网联汽车核心技术丛书"中的一册。本书内容依托"杭州职业技术学院文库",是一本全面介绍智能网联汽车中智能座舱技术的专业书籍。本书紧跟汽车科技发展的前沿,深入剖析了智能座舱技术的核心原理、关键技术、应用场景以及未来发展趋势。内容包括了智能座舱操作系统、平视显示系统、人机交互系统、车载信息娱乐系统,以及智能座舱场景设计和测评方法,内容通俗易懂,系统性强,可帮助读者全面理解智能座舱相关技术和应用。

  本书适合智能网联汽车智能座舱方向的技术人员阅读参考,也可供智能网联汽车行业的政策制定者、企业管理者、科研工作者以及汽车第三方检测机构人员阅读,同时也可以作为相关院校参考教材。

## 图书在版编目(CIP)数据

智能网联汽车智能座舱技术 / 迟晓妮等著. -- 北京:化学工业出版社,2024.6. --(智能网联汽车核心技术丛书). -- ISBN 978-7-122-45867-4

Ⅰ. U463.83

中国国家版本馆CIP数据核字第2024QP7786号

责任编辑:雷桐辉     装帧设计:王晓宇
责任校对:田睿涵

出版发行:化学工业出版社
     (北京市东城区青年湖南街13号 邮政编码100011)
印  装:河北延风印务有限公司
787mm×1092mm 1/16 印张14 字数252千字
2024年9月北京第1版第1次印刷

购书咨询:010-64518888    售后服务:010-64518899
网  址:http://www.cip.com.cn
凡购买本书,如有缺损质量问题,本社销售中心负责调换。

定  价:89.00元        版权所有 违者必究

# 前言
## PREFACE

纵观汽车产业的发展，已经从最初的"机械定义汽车"转变为"电器定义汽车"，再发展至"电子定义汽车"，而如今伴随信息技术的进步，汽车的电动化、网联化、自动化、智能化进程不断加快，"软件定义汽车"时代已经到来。

所谓"软件定义汽车"，其核心思想是决定汽车发展趋势的不再是力学性能的好坏、发动机驱动力的大小，而是以人工智能为代表的软件技术。软件在智能网联汽车中扮演的角色，不仅是汽车智能化的实现基础和核心驱动要素，而且是实现汽车全生命周期管理的重要支撑。因此，"软件定义汽车"是汽车产业发展的战略共识。

座舱作为汽车的重要组成部分，其智能化发展也是汽车自动化、网联化、智能化的焦点。从汽车功能需求层面来看，座舱能够接触与车辆运行相关的各种信息，其对数据的采集、处理和分析能够极大提升车辆运行的信息化程度；从用户体验层面来看，座舱直接与用户接触，其借助各种软件和设备能够满足用户的不同需求，改善用户的使用体验；从商业模式层面来看，座舱能够采集大量与用户相关的信息，将品牌理念进行具象化呈现，有助于提升用户忠诚度。因此，不难看出，在智能网联汽车时代，智能座舱是实现"软件定义汽车"的最佳入口。

在汽车智能化的升级进程中，座舱的设计理念也发生了根本性的变革。传统座舱奉行的底层逻辑是"指令与响应"，即用户通过按键等方式发送指令，后台根据用户的要求执行相应操作。智能座舱采取的理念为"识别与服务"，即座舱能够主动采集与用户需求和车辆运行相关的各种信息，并综合用户指令以及内部存储数据执行相应操作。

借助于传感器等设备以及人工智能等技术，智能座舱旨在打造一个车内一体化数字平台，为用户提供安全、高效、便捷、舒适的驾乘体验。正如一些车辆的宣传文案所言，智能座舱致力于构建的是一个"移动生活空间"。从技术实现的维度来看，智能座舱通过配置信息输入与输出系统，让人与车之间进行充分的信息交互。在信息输入方面，人脸识别、手势识别、声源定位等感知设备均能够应用于智能座舱中，使得用户不必通过物理按键或触屏，就能够发送信息；在信息输出方面，全液晶仪表盘、车载立体声音箱、三联屏、VR 设备等能够应用于智能座舱中，为用户提供高效愉悦的使用体验。此外，要保证上述信息输入与输出设备的顺畅应用，高算力的芯片也是必不可少的，它不仅使得智能座舱拥有出色的"大脑"，也让用户在驾乘过程中能够获得专属的"AI 助手"。

随着智能网联汽车的兴起，智能座舱这一最容易被用户感知的"第三空间"愈来愈受重视，大批的科技公司、信息通信公司、整车制造企业以及新型供应商等不断在该领域增加研发投入与商业应用，智能座舱也因此得到了快速发展，不仅技术迭代快，且新技术、新应用不断涌现。智能座舱涉及的研究领域较广，不仅有理论和技术问题，还有产品问题。因此，要想在该领域取得快速发展，就需要从用户需求出发，梳理下一代智能座舱的关键技术与基础性问题，并做好产业协同，加快构建智能座舱产业生态。

本书分别从智能座舱操作系统、智能座舱平视显示系统、智能座舱人机交互系统、车载信息娱乐系统、智能座舱场景设计、智能座舱测评方法六大维度出发，全面阐述智能座舱的系统架构、关键技术与测评方法，并辅以大量的结构图、框图和表格等，试图让读者全面掌握智能网联汽车智能座舱技术。

本书依托杭州职业技术学院"黄炎培'大职业'教育视域下产教融合共同体汽车类专业人才培养路径研究"课题项目（项目编号：ZJS2024YB236），结合我国智能网联汽车发展战略以及未来趋势，对智能座舱产业技术进行了系统阐述。

此外，本书由"高职院校汽车类专业课程思政四维教学体系构建及实践路向研究"项目支撑，迟晓妮担任该项目负责人，项目其他成员为张胜楠、邵立东、杨云、杨立峰。

此外，由于本书是"智能网联汽车核心技术丛书"中的一册，因此推荐读者结合丛书中的其他书籍对照阅读，以便对智能网联汽车产业的发展有更加全面系统的了解和更为深入准确的把握。

本书在创作过程中，疏漏之处在所难免，恳请广大读者批评指正。

著者

第 1 章

# 智能座舱基本概述

# 1.1 智能座舱的概念内涵与优势

## 1.1.1 智能座舱的概念内涵

近年来，科学技术飞速发展，新技术的发展和应用推动汽车产业不断发生变革，并激发了新的需求，重塑了产业竞争格局。随着电动汽车市场日益繁荣，"软件定义汽车"的概念逐渐成为汽车领域的热点话题，汽车产业也开始向智能座舱、智能驾驶、智能网联等智能化的方向发展。

（1）智能座舱的定义

智能座舱（intelligent cabin）是一个融合了互联网技术和人工智能等多种先进技术的车内一体化数字平台，能够为车辆驾驶员提供智能化的驾驶体验，充分保障车辆的行车安全。主要包括汽车座椅、内饰等智能化产品的集成，与人、车、路、云协同运作，最终发展成为"智能移动空间"。

汽车座舱的智能化升级主要涉及车内和车外两方面：一方面，智能座舱内部需要配备各类智能化的终端设备，支持车辆与智能手机、手表、家居等进行交互，从而将汽车打造成一个以消费者为中心的智能通行工具；另一方面，智能座舱需要充分利用车联网和无线通信等各类新兴信息通信技术，支持汽车与环境中的各项基础设施和设备互联互通，实现车辆与外部的信息交换。

（2）智能座舱的特征

智能座舱的特征如图 1-1 所示。

图 1-1 智能座舱的特征

① 场景覆盖全面。智能座舱系统能够从时间和空间两方面实现对用户用车场景的全方位覆盖。从时间方面来看，智能座舱可覆盖用户用车前、用车中和用车

后；从空间方面来看，智能座舱可覆盖主驾、副驾、后排和车外等各个与之相关的空间。

② 交互模式不断升级。近年来，智能座舱中的物理按键越来越少，触屏交互逐渐成为主流，这能够在一定程度上防止出现驾驶员注意力分散问题，保障行车安全。与此同时，汽车行业的相关开发人员还应以驾驶任务为中心进一步革新智能座舱交互模式，减少驾驶员的手眼占用时间，让驾驶员能够在驾车过程中集中注意力。就目前来看，汽车行业需要综合运用手势、生物识别和全场景语音等多种交互模式，打造具有自主人机交互功能的智能座舱。

③ 内部资源集成化。智能座舱中装配有座舱域控制器，能够集成各个独立系统，提高功能的多样性。

具体来说，智能座舱本身可以集成各个内部部件，也可以利用座舱域控制器来集成各个独立系统，从而实现多屏联动，进一步提高内部资源配置和计算资源效率。同时，智能座舱的内部资源集成化也能够推动车载显示实现多终端融合。除此之外，汽车行业还可以将智能驾驶融入智能座舱当中，提高驾驶的自动化程度，减轻驾驶员的驾车压力，将智能座舱打造成集学习、工作、娱乐、休息等于一体的"第三生活空间"。

（3）智能座舱的发展阶段

智能座舱的发展阶段大致可分为电子座舱、智能助理、人机共驾和移动空间等四个阶段，如图1-2所示。

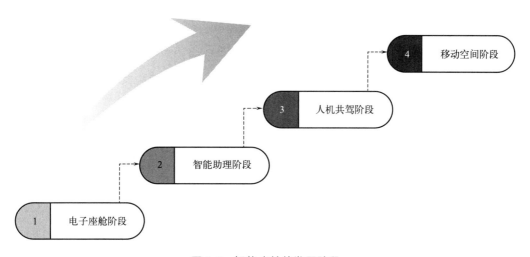

图1-2 智能座舱的发展阶段

① 电子座舱阶段。电子座舱具有系统分层和信息初步整合的特点，且具备由电子信息系统构成的电子座舱域，不仅如此，电子座舱的应用也进一步拓宽了消

费电子产品的应用场景，中控屏、液晶仪表等设备在汽车座舱中的应用也让用户可以获得更加优质的使用体验。同时，座舱的新显示方案逐渐被广泛应用到多种车型当中。

② 智能助理阶段。处于智能助理阶段的智能座舱装配有高级驾驶辅助系统（advanced driving assistance system，ADAS），能够利用生物识别技术和各类传感器实现环境感知、数据收集、数据处理等多种功能，同时也可以针对实际场景为用户提供"车对人"的主动交互服务，让用户获得主动交互体验。除此之外，这一阶段的智能座舱还具备独立感知层，能够利用生物识别技术对驾驶员进行监测，进而实现对驾驶员的理解和多模态交互。

③ 人机共驾阶段。进入人机共驾阶段的智能座舱融合了语音控制技术和手势控制技术，整合了车舱内部的各项软硬件设备，提高了车辆感知的精细化程度，为车辆针对具体场景进行精准服务提供了支持，同时也助力车辆实现了自主/半自主决策。除此之外，在部分场景中，用户还可以解放双手，同时，电子控制单元（electronic control unit，ECU）也逐渐向驱动控制单元（drive control unit，DCU）过渡，ADAS功能日渐多元化，AI引擎的成熟度也在不断提升。

④ 移动空间阶段。在移动空间阶段，智能座舱设计所关注的重点逐渐从驾驶员转移到乘客身上，智能座舱需要为乘客提供AI场景化服务和沉浸式的乘车体验，并为乘客打造具有完全自动化特点的智能移动空间，为乘客提供多种自动化的移动出行场景服务。

AI算法、智能驾驶等先进技术在智能汽车中的应用有效强化了车辆的自动驾驶能力，推动智能汽车进入L3级自动驾驶阶段，逐步实现人机共驾。

## 1.1.2　智能座舱的崛起因素

就目前来看，智能座舱行业已经认识到了供给端驱动的重要性，积极借助政策、技术革新和多方资本投入等促进自身发展。自2010年起，我国进入第三次消费升级阶段，汽车产业在消费结构转型升级的过程中发挥着十分重要的作用，同时消费需求的升级也促进了汽车产业的发展。

（1）政策层面

近年来，我国明确提出了建设中国标准智能汽车和实现智能汽车强国的战略目标，并陆续出台各项相关政策和文件，支持智能网联基础设施建设，规范和支持智能网联汽车发展。具体来说，智能座舱领域的相关政策如表1-1所示。

表1-1　智能座舱领域的相关政策

| 时间 | 部门 | 文件 | 政策概述 |
|---|---|---|---|
| 2021年8月18日 | 国家发展和改革委员会、工业和信息化部、公安部、交通运输部 | 《汽车数据安全管理若干规定（试行）》 | 在汽车数据安全管理领域出台有针对性的规章制度，明确汽车数据处理者的责任和义务，规范汽车数据处理活动 |
| 2021年7月30日 | 工业和信息化部 | 《关于加强智能网联汽车生产企业及产品准入管理的意见》 | 企业生产具有在线升级（又称OTA升级）功能的汽车产品的，应当建立与汽车产品及升级活动相适应的管理制度，具有在线升级安全影响评估、测试验证、实施过程保障、信息记录等能力 |
| 2020年10月20日 | 国务院 | 《新能源汽车产业发展规划（2021—2035年）》 | 鼓励新能源汽车、能源、交通、信息通信等领域的企业跨界协同，围绕多元化生产与多样化应用需求，通过开放合作和利益共享，打造涵盖解决方案、研发生产、使用保障、运营服务等产业链关键环节的生态主导型企业 |
| 2020年4月15日 | 工业和信息化部、公安部、国家标准化管理委员会 | 《国家车联网产业标准体系建设指南（车辆智能管理）》 | 以保障车联网智能网联汽车运行安全为核心，提出智能网联汽车登记管理、身份认证与安全、道路运行管理及车辆协同管控与服务等领域的国家、行业标准 |

智能座舱是智能网联汽车的重要组成部分，是智能汽车发展的先行领域，能够直接享受到各项相关政策的红利。例如，在各项相关政策的支持下，驾驶监测系统（driver monitor system，DMS）等各类用于保障行车安全的座舱部件快速发展。

（2）技术层面

① 重塑汽车电子电气架构，解耦底层软硬件开发工作。智能座舱中所装配的座舱域控制器是一种域集中式的计算平台，能够集成各项内部资源，同时智能座舱产业也解耦了底层软硬件的开发工作，分别开发智能座舱中的各项软件和硬件。汽车电子电气（electrical electronic，EE）架构由分布式架构升级为域控制器架构，边缘计算的集中程度不断升高，并在此基础上形成了座舱域控制器方案。

在新的汽车EE架构中，硬件控制计算均集中在一块系统级芯片（system on chip，SoC）中，各个操作系统也都在同一个硬件计算芯片中运行，各项软硬件之间已解除绑定关系，软件开发和硬件开发的灵活性得到了大幅提高。

具体来说，汽车EE架构的变革如图1-3所示。

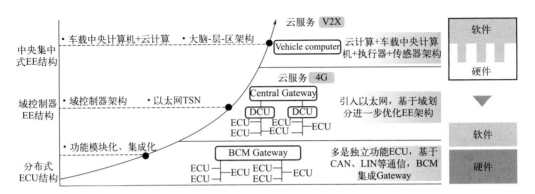

图 1-3　汽车 EE 架构的变革

② 增强芯片算力，设计趋向异构化。在智能座舱中，SoC 芯片集成了中央处理器（central processing unit，CPU）、图形处理器（graphics processing unit，GPU）、随机存取存储器（random access memory，RAM）、模数转换器（analog to digital converter，ADC）、数模转换器（digital to analog converter，DAC）、高速数字信号处理（digital signal processing，DSP）芯片和调制解调器等多种设备的功能，能够有效提高芯片的算力和兼容性。

具体来说，CPU 芯片示意图和 SoC 芯片示意图分别如图 1-4、图 1-5 所示。

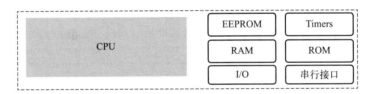

图 1-4　CPU 芯片示意图

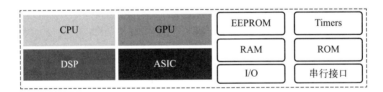

图 1-5　SoC 芯片示意图

从算力上来看，SoC 芯片的 CPU 算力可以达到上百 KDMIPS❶，与此同时，GPU 的应用也大幅提高了芯片的非结构化数据处理能力，让系统可以高效处理图

---

❶　KDMIPS：算力表示方式，全称为 kilo Dhrystone million instructions executed per second，表示处理器每秒可以执行多少百万条 Dhrystone 指令，计算方式为 KDMIPS =（Dhrystone 指令总数 / 执行时间）×10$^6$。

片、视频等信息，让智能座舱能够为车辆驾乘人员提供更加丰富的车载娱乐服务。不仅如此，嵌入式神经网络处理器（neural processing unit，NPU）的应用也进一步提升了人工智能（artificial intelligence，AI）运算的效率，为智能座舱实现智能化交互提供了强有力的支持。

从兼容性上来看，SoC 芯片的内核具有异构化的特点，因此 SoC 芯片可适用于 QNX、Linux、Android 等多种操作系统。除此之外，许多企业都积极开发多内核设计的 SoC 芯片，例如，华为针对鸿蒙系统开展 SoC 芯片的设计和开发工作，并借此进一步增强了鸿蒙系统的人工智能物联网（artificial intelligence of things，AIoT）终端连接能力。

③ 软件架构升级为面向服务的架构（service-oriented architecture，SOA）。SOA 在汽车端的应用能够在技术层面为汽车行业实现"软件定义汽车"提供支持，就目前来看，汽车行业中的各个企业正逐步将 SOA 架构应用到智能座舱中，力图进一步推动智能座舱软件平台升级发展。

在 IT 行业中，后台服务指的是远程机房的服务器上运行着手机端 APP 的业务代码，在 SOA 架构中，座舱域控制器、高级驾驶辅助系统（advanced driving assistance system，ADAS）控制器等工具中的软件也均可在同一个后台"服务器"中运行。

具体来说，从面向信号的架构到面向服务的架构如图 1-6 所示。

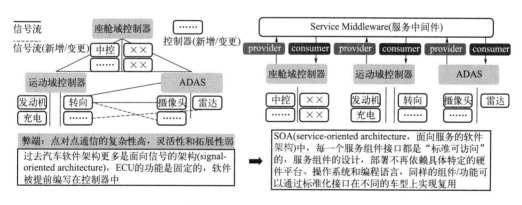

图 1-6　从面向信号的架构到面向服务的架构
（provider：服务提供方；consumer：服务调用方）

SOA 架构具有松耦合、易扩展和接口标准可访问等特点，能够在技术层面为软件开发提供支持，充分满足智能座舱高迭代度的需求。采用 SOA 架构的智能座舱可以利用同一个"服务器"来处理不同域内的信号，防止出现软件重复开发问题，节约软件开发资源，充分满足高迭代度需求，与此同时，后台"服务器"数据工厂也会接收并处理各项用户车辆使用数据，以便在数据层面为智能座舱的软件开发和软件升级提供支持。

SOA 架构能够降低集成成本，减少主机厂和供应商在这一方面的成本支出。一般来说，SOA 软件架构中所集成的所有软件均采用相同的接口和数据传输格式，因此不存在接口不适配和数据不兼容等问题，智能座舱中通过以太网来进行信息交互的所有软件都可以互相交换数据信息。

（3）资本层面

① 多方资本注入。为了实现万物互联，汽车需要与各类物联网设备相连接，提高产业链的开放性，吸引多方生态伙伴。在汽车接入 AIoT 之前，车联网与其他智能设备之间相互独立，具有一定的封闭性，且网络连接范围较小，仅包含联网的汽车。

当汽车接入 AIoT 后，需要连接各类物联网设备，增强生态活力，汽车行业的竞争也开始转向开放性平台的竞争和生态系统的竞争。

对汽车企业来说，生态合作伙伴的数量与产品竞争力之间呈现正相关的关系，随着汽车座舱产业的开放性越来越高，许多具有生态优势的非汽车背景的企业陆续进入汽车行业，并与汽车企业建立生态合作关系，汽车企业也可以借此进一步提高自身产品的竞争力。

现阶段，我国已有许多科技企业陆续进入智能座舱领域，具体来说，国内科技企业布局智能座舱如表 1-2 所示。

表1-2　国内科技企业布局智能座舱

| 公司类型 | 公司 | 布局 | 优势 |
| --- | --- | --- | --- |
| 科技型企业 | 华为 | 座舱芯片、操作系统 | 手机技术迁移 |
| 消费电子企业 | 地平线、心驰科技 | 座舱芯片 | 消费电子芯片技术转移 |
| 互联网企业 | 阿里、百度、腾讯 | 操作系统、智能车机解决方案 | 内容生态优势 |
| 智慧家居企业 | 小米、海尔 | 智能座舱硬件 | 万物互联、供应链优势 |

② 智能座舱的落地难度较低，商业化速度较快。就目前来看，智能座舱与汽车底盘控制之间基本不存在互相影响的关系，智能座舱的升级也不会造成行车安全问题，在安全保障和监管方面的不确定性较低，因此落地难度较小，主机厂及其生态合作伙伴会在智能座舱领域投入较多的资金、精力和人力资源，助推智能座舱的开发和升级工作，同时也不断提升自身的自主研发能力，加快智能座舱的落地速度。

在整个汽车当中，驾乘人员与汽车座舱之间的接触频率较高，汽车座舱能够直接影响驾驶员的驾车体验和乘客的乘车体验。与传统的汽车座舱相比，智能座舱实现了在声、光、显示、内饰、物理空间和交互手段等多个方面的优化升级，融合了多种先进技术，装配有多联屏、抬头显示（head up display，HUD）、流媒体后视镜等设备，能够为车辆驾乘人员提供差异化体验，提升车型对消费者的吸引力，进而达到增强车型竞争力的效果。

## 1.1.3 智能座舱 VS 传统座舱

人工智能是一项利用计算机程序和算法模拟人类智慧的新兴技术，能够以人类智能相似的方式做出反应，且具有自主学习、推理、决策和交互等多种功能。就目前来看，人工智能已经被广泛应用到交通、教育、服务、制造、智能家居等多个领域，并与人类互相协作，共同处理工作和生活中的各项任务，提高人类社会的高效性、便捷性、安全性和智能化程度。

由此可见，汽车座舱可以借助各类人工智能软硬件来实现智能化，提高人车协作的安全性和高效性，并为车辆的驾乘人员提供更加安全、便捷、智能、个性化的服务。

在传统座舱中，驾驶员要自主查看油量、电量和水温等信息，在操作各项控制装置时，需要将视线从前方道路转移到实际所需操作的装置上，且操作复杂度高，信息繁杂度高、直观性差，行车安全得不到充分保障。除此之外，传统座舱的互动性、娱乐性和人性化程度较低，功能较少，难以充分满足驾乘人员日渐多样化的需求。

智能座舱具有新型的汽车 EE 架构，且装配了更加智能化的内饰、外围设备和座舱软硬件，能够综合运用智能检测系统、智能娱乐系统、驾驶辅助系统和驾驶信息系统等多个智能化的系统，提高座舱功能的多样性和智能化程度，能够针对用户需求和用车场景提供个性化的服务，从而为车辆的驾乘人员带来便捷、舒适、安全和娱乐化的体验。

具体来说，智能座舱的优势如图 1-7 所示。

① 高效安全。智能座舱可以充分发挥监测系统、辅助驾驶系统等智能化系统的作用，同时对车内驾驶信息进行优化处理，并在此基础上确保驾驶员操作的高效性和驾车的安全性。与传统座舱相比，智能座舱中装配有液晶仪表和 HUD 等更加先进的显示装置，能够以更加清晰、丰富、直观的方式呈现驾驶员所需的驾驶信息（导航、车速、电量、油量等），为驾驶员驾驶车辆提供方便。

图 1-7    智能座舱的优势

② 智能交互。智能座舱采用多模态交互的交互方式，能够提高信息交互的直观性和便捷性，为驾驶员快速控制车辆提供方便。

③ 常开常新。智能座舱可以借助空中下载技术（over the air technology，OTA）来更新各项功能，为驾乘人员提供新的服务和体验，提升用车过程中的新鲜感。

④ 智能监测。智能座舱可以通过车内乘客监控系统（occupancy monitoring system，OMS）、DMS 等各类传感器来获取所需信息，实现对人、环境和车辆状态等情况的实时监测，并利用这些信息来提高行车的安全性和舒适性。

⑤ 智能娱乐。智能座舱连接着互联网，具有外接拓展功能，且装配有显示设备、音频设备等，能够提供在线音乐、游戏和视频等多种娱乐服务，为车辆驾乘人员带来丰富、便捷、舒适的车内娱乐体验。

传统的汽车销售需要以 4S 店为渠道向用户展示车型，并为用户提供试驾、下单和提车等服务，但各个品牌的 4S 店大多并不会聚集在同一区域内，因此用户在选车时需要花费大量时间在各个品牌的 4S 店之间奔波。现阶段，新能源车的体验店大多集中开在大城市的大商场中，且门店内只摆放展车，让用户只需进入商场就可以体验多个品牌汽车的各项功能，并在对车辆感兴趣的情况下再预约试驾服务，在体验智能座舱的过程中获得具有较高的科技性和舒适性的感受，在选车和购车时获得更多的便利，同时这种销售模式也能够在一定程度上吸引潜在客户。

从用户需求上来看，大部分用户认为座舱智能配置具有一定价值，且当前已存在或未来可能会出现座舱智能科技配置需求。由此可见，智能座舱是符合用户实际需求的汽车装备,且具有较大的发展空间。

除此之外,从应用场景上来看,汽车座舱的智能化发展能够为用户带来感知难度较低的智能化驾车体验,同时也可以让用户在汽车的安全性和舒适性等生理需求以及情感需求、归属需求和尊重需求等方面得到满足,进而在汽车座舱中帮助用户构建起亲密度较高的社交关系。

## 1.1.4 智能座舱的分级标准

智能座舱可以为用户提供安全且舒适的驾驶体验与交互体验,它服务驾乘人员的能力主要体现在人机交互能力、场景拓展能力以及网联服务能力三个方面(图1-8),且各等级所具备的服务用户能力不同。这三种能力相辅相成,共同推进智能座舱服务能力的提升。

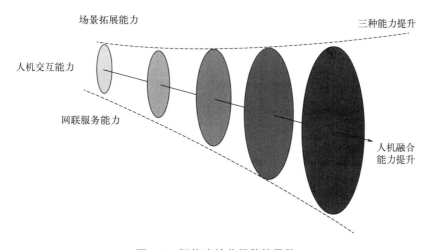

图1-8 智能座舱分级整体思路

① 人机交互能力。主要指智能座舱系统对环境、驾乘人员意图等的感知、理解,以及做出相应决策的能力。不同于传统座舱,智能座舱对驾乘人员的感知由被动转为主动,座舱任务的执行由授权执行转为主动执行。

② 网联服务能力。主要指智能座舱为驾乘人员提供多样化功能与服务的能力。智能座舱的网联服务在不断升级,由最初的车机服务、车舱服务,升级到网联云服务、开放网联云服务,再到最终的云控平台的服务。

③ 场景拓展能力。主要指智能座舱服务驾乘人员的拓展能力,即由驾驶员到驾乘人员、由舱内到舱内外、由舱内部分场景到舱内全场景、由舱外部分场景到舱外全场景。

（1）智能座舱分级的三个维度

与上述三种能力相对应，汽车智能座舱分级也按照这三个技术维度进行划分，具体内容如表1-3所示。

表1-3 汽车智能座舱的分级

| 层级 | 主要特征 | 典型示例 | 人机交互 | 网联服务 | 场景拓展 |
|---|---|---|---|---|---|
| L0 功能座舱 | 任务执行发生在舱内，对于舱内驾乘人员的需求座舱会被动式响应，具有车机服务能力 | 驾乘人员能够在车内使用导航、电话以及音乐等功能 | 被动交互 | 车机服务 | 舱内部分场景 |
| L1 感知智能座舱 | 任务执行发生在舱内场景；在部分场景中，座舱能够主动感知驾乘人员的需求，不过其任务的执行需要得到驾驶人员的授权。同时，该级别的智能座舱拥有面向驾乘人员的舱域服务能力 | 当座舱感知到车内温度偏高时，会按照舱域服务主动询问驾驶员是否需要打开空调，以降低温度，如果得到驾驶人员的授权，便会打开空调并调整温度与风速 | 授权交互 | 舱域服务 | 舱内部分场景 |
| L2 部分认知智能座舱 | 可以跨舱内外部分场景来执行任务；在舱内部分场景中，座舱可以主动感知驾乘人员的需求，部分任务可以主动执行。同时，该级别座舱拥有可持续升级的网联云服务能力 | 座舱能够识别不同的驾驶员，会主动推荐驾驶员不同时段常用的功能；按照驾驶员的到家时间打开家中空调、热水等智能家居产品 | 部分主动交互 | 可升级网联云服务 | 舱内部分场景 |
| L3 高阶认知智能座舱 | 可以跨舱内外部分场景来执行任务；座舱拥有舱内全场景主动感知驾乘人员的能力，可以做到部分任务主动执行；具有开放网联云服务的能力 | 当座舱感知到某位乘客行为状态参数不正常时，会将其初步诊断为紧急情况，需要及时就诊，这时座舱会立即采用开放网联云服务平台来联系就近的医院就诊，与此同时，座舱还将主动与这位乘客的家属或紧急联系人进行联系 | 部分主动交互 | 开放网联云服务 | 舱内全/舱外部分场景 |

续表

| 层级 | 主要特征 | 典型示例 | 人机交互 | 网联服务 | 场景拓展 |
|---|---|---|---|---|---|
| L4<br>全面认知<br>智能座舱 | 可以跨舱内外全场景来执行任务，舱内允许不存在驾驶员；座舱具有舱内全场景感知驾乘人员的能力，并且能够完全主动执行任务；拥有提供云控平台服务的能力 | 在自动驾驶汽车行驶过程中，如果座舱感知到某位乘客行为状态参数不正常，会通过云控平台服务为其快速诊断，之后主动联系就近的医院急诊，同时规划最佳路线尽快抵达医院，并与医护人员进行沟通，使其提前下楼等待病人 | 主动交互 | 云控平台服务 | 舱内外全场景 |

① 人机交互维度。人机交互维度的智能座舱分级主要体现在以下几个方面：

● 座舱主动感知：座舱可以依靠多种感知方式来深刻理解驾乘人员的行为状态，从而进行相应的智能决策。

● 座舱授权执行：座舱可以通过智能决策，主动为驾乘人员提供操作建议，之后发出请求，在得到授权以后开始执行对应任务。

● 座舱部分主动执行：座舱可以通过智能决策，在部分场景下自主地执行对应任务。

● 座舱主动执行：座舱可以通过智能决策，自主执行对应任务。

② 网联服务维度。网联服务维度的智能座舱分级主要体现在以下几个方面：

● 车机服务：用户可以使用导航、电话、音乐等车机系统内功能，但是不能够实时在线更新信息。

● 舱域服务：座舱内拥有确定的网联座舱域服务，驾乘人员可以通过车机系统来控制舱内设备，能够做到远程管理车辆，可以享受舱内网联实时信息和服务，如音乐、电话、导航以及信息查询等。座舱还具备部分应用的下载与升级能力。

● 开放网联云服务：在座舱的生命周期内，内容与服务开发者能够基于座舱开发云服务平台自主创新内容与服务，并不断优化升级，以便用户在座舱生命周期内升级服务或下载新应用，保持随时更新。

● 云控平台服务：可以将座舱内的服务接入云端，利用网联平台超低时延的优势，将智能座舱融入车 - 路 - 云一体化的云控平台，做到与相关服务的实时联通。云控平台具备大量的在线资源，可以将虚拟和物理空间串联在一起。

③ 场景拓展维度。场景拓展维度的智能座舱在不同发展阶段会呈现出阶段性与相对完备性，因为智能座舱的场景拓展与网联技术、交互技术是高度关联且密切互动的，这种人与座舱的交互场景涵盖出行、娱乐、社交、办公以及其他场景。

智能座舱所涉及的认知智能是以人类知识体系为基础，以模仿人类情感、理解、推理、注意力和记忆等核心能力为目标的技术科学，它属于人工智能发展的高级阶段，具有适应性、情境性和交互性等特点。

（2）智能座舱发展蓝图

从智能座舱人机交互、网联服务以及场景拓展三个维度的发展趋势来看，其各阶段的发展如图 1-9 所示。

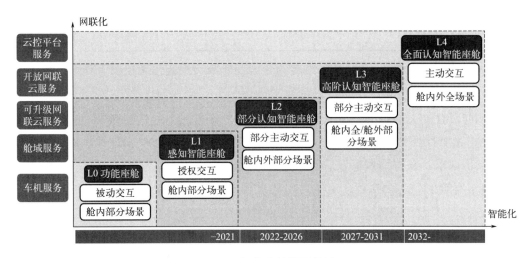

图 1-9  智能座舱发展蓝图

● 第一阶段：部分认知智能座舱（L2 级）实现较高的市场普及率，智能座舱能够具有舱内外部分场景下的座舱主动感知、座舱部分主动执行的能力，基本具备可持续升级的云服务能力。与此同时，高阶认知智能座舱（L3 级）开始进行市场导入，预计于 2025 年前后实现市场化普及。

● 第二阶段：高阶认知智能座舱（L3 级）实现较高的市场普及率，智能座舱能够达到舱内全场景、舱外部分场景下的座舱主动感知与主动执行的能力。融入开放网联云服务，进行相互联通，具有大量的在线资源，初步达成智能座舱物理空间与虚拟空间的融合发展；推出更多差异化的舱内外场景以满足用户的个性化、情感化需求。与此同时，全面认知智能座舱（L4 级）开始进行市场导入，预计于 2030 年前后完成。

● 第三阶段：全面认知智能座舱（L4 级）逐渐市场普及化，智能座舱拥有舱内外全场景下的座舱主动感知与主动执行的能力，与自动驾驶系统进行全面融合。融入车 - 路 - 云一体化云控平台和其他元宇宙相关的技术平台，为用户打造具有安全、智能、愉悦等综合体验的"第三空间"，预计于 2035 年以后实现。

# 1.2　智能座舱系统架构与关键技术

## 1.2.1　智能座舱的技术架构

智能座舱的技术架构比较复杂，因为其涉及多学科与多领域的交叉，如人工智能、信息通信、人机交互以及汽车等，可将其划分为"三横三纵"式技术架构。其中，"三横"指的是智能座舱的人机交互关键技术、系统与零部件关键技术以及基础支撑关键技术；"三纵"指的是智能座舱的车舱平台、云平台以及扩展设备，具体内容如图 1-10 所示。

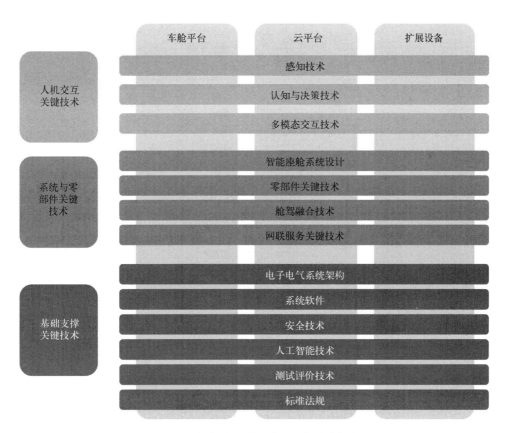

图 1-10　智能座舱"三横三纵"技术架构

云平台既包括车舱平台本身，也包括开放网联云服务、云控平台以及元宇宙座舱技术等支撑智能座舱发展的网联服务条件。扩展设备包括车舱平台以及智能手机、智能手表、智能家居等可以支撑智能座舱发展的人机融合与场景拓展条件。

智能座舱涉及的研究领域较广，不仅有理论、技术问题，还有产品问题。因此，要想在该领域取得快速发展，就需要从用户需求出发，梳理下一代智能座舱领域的关键技术与基础性问题，并做好产业协同，加快建立该领域的产业生态。

目前，智能座舱领域的相关研究人员已经在人机交互、系统与零部件以及基础支撑这三项关键技术基础上将该领域的技术架构进行层级划分以及技术分解研究，具体内容如表1-4所示。

表1-4 智能座舱技术架构及层级划分

| 第一级 | 第二级 | 第三级 |
| --- | --- | --- |
| 人机交互关键技术 | 感知技术 | 单模态感知技术；<br>多模态感知融合技术； |
| | 认知与决策技术 | 舱内人员行为与状态识别技术；<br>舱内人员行为与状态预测技术；<br>动态场景认知技术；<br>座舱智能决策技术 |
| | 多模态交互技术 | 基于五官（视觉、听觉、触觉、嗅觉、体感）的交互呈现技术；<br>自然交互策略技术；<br>舱内人员状态调节技术；<br>脑机接口技术 |
| 系统与零部件关键技术 | 智能座舱系统设计 | 智能座舱静态系统设计；<br>智能座舱动态系统设计；<br>智能座舱场景库技术 |
| | 零部件关键技术 | 感知零部件技术；<br>交互零部件技术；<br>可拓展设备零部件技术 |
| | 舱驾融合技术 | 舱驾感知层融合技术；<br>舱驾决策规划层融合技术；<br>人机共驾技术；<br>舱驾全融合技术 |
| | 网联服务关键技术 | 车载信息交互终端技术；<br>5G/6G网络切片及应用技术；<br>生态应用技术 |

续表

| 第一级 | 第二级 | 第三级 |
|---|---|---|
| 基础关键技术 | 电子电气系统架构 | 控制器为核心的硬件架构技术；<br>中央 SoC 计算平台技术；<br>通信和网络架构技术；<br>数据架构技术 |
| | 系统软件 | SOA 软件架构技术；<br>软件平台 OS 技术；<br>Hypervisor（中间件虚拟化）技术<br>智能座舱虚拟开发与仿真软件技术；<br>OTA（远程升级）技术 |
| | 安全技术 | 信息安全技术；<br>功能安全技术 / 预期功能安全技术 |
| | 人工智能技术 | 新一代人工智能与深度学习技术；<br>自然语言处理技术；<br>混合增强智能技术；<br>虚拟现实智能建模技术 |
| | 测试评价技术 | 面向产品的测试评价技术；<br>面向用户的测试评价技术；<br>测试评价指标与规范化；<br>测试评价工具软 / 硬件开发技术 |
| | 标准法规 | 标准体系与关键标准构建；<br>标准技术实验验证；<br>前瞻标准技术研究；<br>国际标准法规协调 |

## 1.2.2　智能座舱的硬件系统

智能座舱中融合了多项要素，如芯片、软件、座舱电子、座舱内饰、人机交互系统等，具有一定的复杂性。而智能座舱功能的实现，需要硬件和软件系统共同发挥作用。其中，智能座舱的硬件架构如图 1-11 所示。

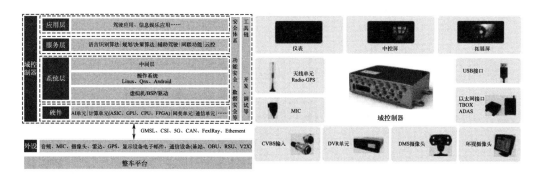

图 1-11　智能座舱的硬件架构

（1）外围设备

外围设备主要指传感器、终端设备和控制单元等硬件组件，这些设备通常以有线连接或无线连接的方式与座舱控制域相连，能够为智能座舱采集和处理各项所需信息提供支持，同时也能够实现控制操作等功能。

具体来说，智能座舱中的外围设备主要包含以下几类设备：

① 显示设备。智能座舱中用于显示导航信息、娱乐内容、车辆状态信息、座舱状态信息等内容的设备，如 HUD、中控屏、副驾屏、液晶仪表和流媒体后视镜等。

② 传感器。智能座舱中用于监测车辆状态、车内环境、车内用户行为和车辆周边环境等信息的感知设备，如雷达、声呐、摄像头、气压传感器、温度传感器、湿度传感器等。

③ 人机交互设备。智能座舱中支持车辆与驾乘人员进行交流和沟通的设备，如触摸屏、语音识别、手势控制等。

④ 控制单元。智能座舱中用于控制各项座舱设备的部分，如空调控制、车窗控制、车门控制和座椅调节等。

⑤ 车联网设备。智能座舱中支持车辆与云端、其他车辆和交通设施等进行数据交互和信息共享的设备，这些设备均具有通信功能，且与车辆信号总线和无线网络相连，如传感器、车载通信模块和全球定位系统（global positioning system, GPS）模块等。

⑥ 电源系统。智能座舱中用于为各项硬件设备供电的系统，能够为硬件设备的正常运行提供一定的保障。

（2）座舱域控制器

随着汽车 EE 架构由分布式转向集中式，域和域控制器逐渐成为智能座舱的重要组成部分。具体来说，域可以看作一个功能集合，主要由车内的各项传感器、电子设备和控制模块等构成；域控制器相当于域内控制中心，与域内的各项相关设备相连接，能够利用高算力芯片和软件来对域内信息进行处理和转发，并为域内通信和各项功能提供支持，确保域内的各项功能可以相互协调。

具体来说，智能座舱域控制器拆解图如图 1-12 所示。

座舱域控制器的应用在汽车座舱实现智能化的过程中发挥着承上启下的作用。一般来说，座舱域控制器主要包括接口和芯片两个组成部分，其中，接口指的是网络、雷达、GPS、USB、摄像头、显示设备、音频设备和车身部件等设备的接口，能够连接起控制器和各项外围设备；芯片通常在座舱域控制器中处理数据计算、数据控制和数据存储等工作，主要涉及处理器、存储器、通信芯片、传感器芯片和各类专用芯片。

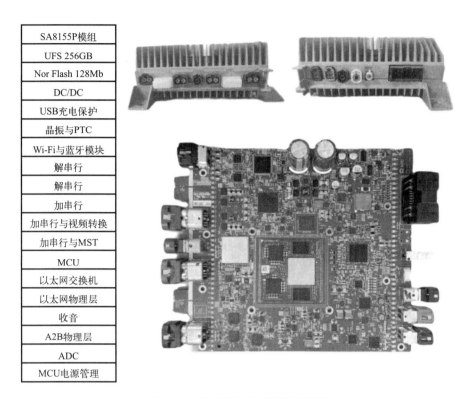

| SA8155P模组 |
| UFS 256GB |
| Nor Flash 128Mb |
| DC/DC |
| USB充电保护 |
| 晶振与PTC |
| Wi-Fi与蓝牙模块 |
| 解串行 |
| 解串行 |
| 加串行 |
| 加串行与视频转换 |
| 加串行与MST |
| MCU |
| 以太网交换机 |
| 以太网物理层 |
| 收音 |
| A2B物理层 |
| ADC |
| MCU电源管理 |

图 1-12　智能座舱域控制器拆解图

## 1.2.3　智能座舱的软件系统

外围设备和座舱域控制器的应用赋予了汽车座舱感知、控制和决策等能力，而软件之间的协同作用有效提高了汽车座舱的智能化程度，可以将汽车座舱打造成兼具多种功能的智能座舱，并为车辆驾乘人员提供更加多样化的服务。具体来说，智能座舱的软件架构如图 1-13 所示。

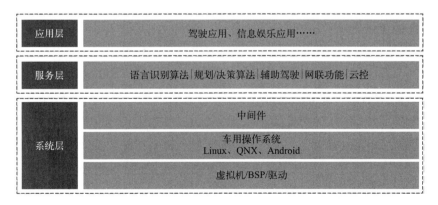

图 1-13　智能座舱的软件架构

（1）系统层

操作系统在手机、电脑等智能设备中发挥着十分重要的作用，能够在用户的操作下完成各类任务，如 PC 电脑中需要装配 Windows、macOS 等操作系统，手机、平板电脑等设备中需要装配 iOS、Android 等操作系统。

操作系统是连接用户和智能设备的桥梁，主要包含内核、管理器、运行环境和应用程序框架等各项基础软件，能够为各项应用程序提供接口和支持，同时也可以充分发挥进程管理、线程管理、文件管理、网络管理、用户管理、输入/输出管理和安全保护等功能的作用，对各项智能设备的硬件资源（CPU、内存、硬盘、显示器、输入设备等）进行管理和协调。

① 车用操作系统。在智能汽车中，车用操作系统既可以为数据传输、人机交互设计和应用程序开发等提供支持，也能够对各种架构中的硬件和底层软件进行调动，提高硬件资源的管理和调度效率，并合理分配任务优先级，以安全高效的方式来推进各项任务，同时确保各项智能化任务之间的协调性。

车用操作系统集成了车控操作系统、车载操作系统和基础操作系统等多个运行在车内的系统程序。

● 车控操作系统：主要包括面向动力域、底盘域和自动驾驶域的各类操作系统。车控操作系统大多在性能、算力、安全性和实时性等方面具有较高的要求。就目前来看，主机厂商在开发车控操作系统时通常从实时性强和安全等级高的操作系统入手。

● 车载操作系统：主要包括面向信息娱乐系统和智能座舱的各类操作系统。一般来说，车载操作系统在安全性和可靠性方面的要求并不高。

● 基础操作系统：主要包括车载操作系统中的底层操作系统，也是操作系统软件层的一部分。基础操作系统具备操作系统的各项基本功能，能够直接与各项硬件设备进行信息交互，并对系统进程、内存、设备、文件、网络和驱动程序等进行管理。就目前来看，汽车行业中的各个企业常用的操作系统主要涉及 QNX、Linux 和 Android 等基础操作系统。

② 虚拟机。智能座舱可以根据功能划分成驾驶信息系统和娱乐信息系统。

驾驶信息系统要及时为驾驶员提供准确的车辆状态信息，如车速、转速、油量、温度等，让驾驶员能够及时发现车辆中存在的问题，以便采取相应的措施，防止出现行车安全问题。由此可见，驾驶信息系统对数据传输和数据处理的实时性、准确性和安全性的要求较高。由于安卓系统存在实时性能较差的问题，而 QNX 具有实时性能强和稳定性高等优势，因此，主机厂商大多会选择将 QNX 作为驾驶信息系统模块的操作系统。

娱乐信息系统能够支持智能座舱为车辆驾乘人员提供多样化的娱乐服务和丰富

的生态体验，且在实时性方面的要求较低，一般来说，娱乐信息系统大多采用开放系统，如 Android 等。

与消费级智能设备的操作系统相比，智能座舱中的各个操作系统均与其各个域的需求相对应，这些需求涉及安全性、可靠性、稳定性和功能属性等多个方面，为了充分满足这些需求，汽车厂商需要将各个操作系统融入到同一个智能座舱域控制器中，并确保这些操作系统能够同时运行。

具体来说，虚拟机示意图如图 1-14 所示。

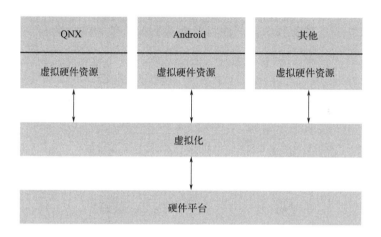

图 1-14　虚拟机示意图

③ 中间件。在智能座舱的软件系统中，中间件指的是从应用程序和底层系统的交互逻辑中抽象出来的中间层，软件系统可以借助中间件来进行解耦，并提高灵活性。

中间件示意图如图 1-15 所示。

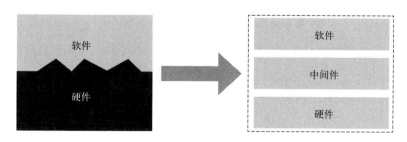

图 1-15　中间件示意图

具体来说，消息队列中间件能够支持各个应用程序进行异步通信，如 ActiveMQ、RabbitMQ 等；数据访问中间件能够对数据进行缓存处理，并提升数据访问效率；业务流程管理中间件能够对业务流程中的每个环节进行管理，如 JBoss、JBPM 等。

（2）服务层与应用层

服务层和应用层的软件可以与硬件和系统层的软件协同作用，进一步提升汽车座舱的智能化程度。

① 服务层。服务层通常运行于系统层之上，可以实现云服务、联网服务、空中下载技术（over the air，OTA）更新、各类算法服务和车辆数据采集处理服务等诸多功能，能够在智能座舱的各项需求中找出核心共性需求，并针对这些需求打造出智能座舱共性服务功能模块，从而为智能座舱的各项共性功能和应用层软件提供支持。

② 应用层。应用层通常运行于智能座舱软件架构的最顶层，能够与系统层软件和服务层软件协同作用，实现导航、社交、影音娱乐、语音识别和车辆状态监控等诸多功能，并直接服务于用户。

## 1.2.4 智能座舱的关键技术与趋势

随着智能技术的快速发展和广泛应用，汽车座舱的功能越来越丰富，交互方式进一步升级，操作的便捷度也得到了一定程度的提升。传统的汽车座舱大多采用机械按钮，可实现的功能较少，而智能座舱融合了多种先进技术，能够实现多维交互。比如，随着图像识别、液晶显示等技术的发展，能够识别驾驶员手势和面部表情等的识别系统以及全液晶仪表盘等先进设备也逐渐应用于汽车座舱中，极大地提高了座舱功能的多样性。

（1）智能座舱的关键技术

从技术上来看，智能座舱所使用的关键技术大致可分为以下四类：

① 机械技术。主要涉及可变化车体技术和内饰机构技术。随着科学技术的发展和用户需求的变化，汽车将会向可伸缩折叠的方向发展，汽车座舱也要根据具体场景的使用需求来对内饰空间进行合理调整。

② 电子硬件技术。从智能座舱的组成架构来看，其涉及的电子硬件技术主要包括与传感器、显示屏、芯片以及专用电器等相关的技术。

③ 软件技术。随着汽车的智能化程度越来越高，一机多屏将成为汽车发展过程中必经的一个环节，汽车需要充分发挥操作系统的作用，实现利用一个车机芯片对各个屏幕中的各项软件进行控制。因此，智能座舱的软件技术主要指与应用软件以及操作系统相关的技术。

④ 人工智能和云计算技术。智能算法的精度影响着智能座舱的功能，汽车行业可以借助高精度的智能算法对智能座舱进行优化，提升座舱在功能上的差异性，以便为用户提供更加优质的驾乘体验。

当用户驾乘车辆时，智能座舱能够借助上述关键技术与用户进行交互，通过相应的设备时刻监测和识别用户的情绪状态、疲劳状态等，在采集信息的基础上分析用户的需求，并执行相应的操作，如调节车内的温度，通过振动提醒驾驶员集中注意力等。随着智能座舱的不断发展，其他各类智能化技术也将逐渐被应用到汽车座舱中，如增强现实、虚拟现实等，从而进一步增强汽车座舱的智能化程度，为车辆驾乘人员提供更加多样化的服务。

（2）智能座舱的技术趋势

① 基于场景进行功能设计。现阶段，部分车型的智能座舱中所装配的车机系统已经具备了智能手机中的各项功能，能够充分满足用户需求，但同时也存在功能堆砌和拼盘化的问题，许多功能的利用率较低，甚至完全用不上，造成资源浪费。

在设计智能座舱的过程中，相关设计人员应广泛采集用户需求和痛点，全面掌握不同使用场景的相关信息，并对交互方式进行创新，从而在最大限度上优化用户在真实场景中的体验感，提升用户体验的完整性，让用户获得更好的使用感受。

② 形成完善的多模态人机交互体系。随着汽车行业的发展和用户需求的变化，汽车逐渐升级为集娱乐、办公等多方面功能于一身的个性化智能移动空间，同时，这也要求汽车行业进一步增强汽车的感知能力和行为理解能力，提升信息感知和行为理解的准确性。为了给用户提供良好的使用体验，汽车行业还需对多模态人机交互体系进行优化完善，并充分发挥大数据库和深度学习算法的作用，获取所需反馈信息。

具体来说，语音交互可能会受代词等模糊性词语的影响，导致系统无法精准理解用户意图，为了确保语义理解的准确性，驾驶员往往需要花费大量时间和精力来对自身的语言进行思考和整理，这严重影响了驾驶员的人机交互体验。

智能座舱中具有完善的多模态人机交互体系，能够综合运用语音交互和视觉追踪技术，快速捕捉驾驶员的目标，从而提高人机交互的精准度。

现阶段，部分车型的智能座舱融合了多种多模态交互技术，能够实现语音交互、手势识别、视觉分析和触摸操控等多种功能，但同时汽车行业也需要根据用户场景来继续对这些功能进行深化。

③ 应用虚拟现实等新兴技术。伴随智能网联汽车的快速发展，相关政策文件陆续出台，智能座舱的消费需求也越来越大，汽车行业需要抓住机遇，将各项新兴

技术应用到智能座舱中，积极推动智能座舱发展。

就目前来看，汽车座舱中的大屏、多屏等基础硬件设施之间的差异化程度正在逐渐降低，汽车行业可以通过提高功能的差异性和使用新兴技术来提升产品竞争力。以增强现实抬头显示技术在汽车座舱中的应用为例，汽车座舱可以借助该技术实现碰撞警告、周边信息提示和车道偏离预警等功能，以便以更加直观的方式来向驾驶员展示各项所需信息，提高行车的安全性。

与传统的抬头显示系统相比，智能座舱中的抬头显示系统应用了增强现实、虚拟现实等新兴技术，不仅具有更强的科技感，还能在车辆行驶过程中向驾驶员直观展示所需信息，防止出现因驾驶员切换视角而造成的驾驶危险，同时也能针对用户偏好来对汽车内外部环境进行调整，提升驾车的趣味性和娱乐性。

由此可见，汽车行业正逐步将各类新兴技术融入到智能座舱中，力图借助这些技术来提高座舱的安全性、舒适性、趣味性和个性化程度，优化用户在驾驶和乘坐方面的使用感受。

# 1.3　AI 大模型赋能智能座舱变革

## 1.3.1　大模型与智能座舱概述

近年来人工智能技术发展迅速，与此相关的大模型这一重要的人工智能技术的讨论热度日渐上涨。人工智能技术与传统产业的结合将为后者提供新的发展机遇，开创新的发展道路。作为传统产业的代表之一，汽车产业积极地拥抱处于科技前沿的人工智能技术，将大模型应用于智能座舱的开发，在行业创新上取得了重要进展。

智能座舱的研发是为了改善用户的驾乘体验，提升驾乘的舒适性、安全性以及智能化程度。基于出色的计算和学习能力，以及分析处理海量数据的能力，大模型可深入了解和准确预测用户的需求和行为。

在大模型的支持下，智能座舱会对用户的个性化需求有更准确地理解，进而更好地使用用户的需求得到满足。在了解用户的偏好和习惯之后，智能座舱可以为每一个用户提供适合他的个性化服务，如驾驶辅助功能、娱乐媒体推荐、智能语音控制等。此外，大模型可以实现情感的识别和合成，基于此智能座舱可获取到关于用户情绪状态的准确信息，根据不同的情绪状态提供针对性服务。

在大模型的作用下，智能座舱具备了更高的安全性和更强的应急响应能力。根据对驾驶员驾驶行为和状态的分析结果，智能座舱向驾驶员给出警示或建议，保障驾驶安全，避免发生事故。如果遭遇紧急情况，智能座舱可依靠大模型的支持在短时间内做出响应，指导实施紧急救援，使乘客的生命安全得到切实保障。

（1）AI大模型的概念与特征

深度学习对于大模型来说非常重要，大模型要用到大量的数据以及先进的算法进行长时间的训练，在面对各种复杂性极高的工作时，能够做到理解恰当，处理得当。大模型能力之强大有目共睹，它在人工智能领域发挥着至关重要的驱动作用，在许多领域得到应用并创造了领先的成果，包括语音处理、自然语言理解、计算机视觉等。大模型的特征体现在如图1-16所示的三个方面。

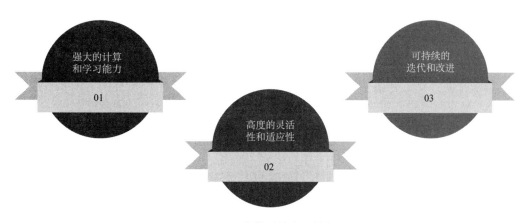

图1-16　大模型的主要特征

① 强大的计算和学习能力。大模型的计算能力和学习能力达到了非常高的水平，这来源于数量巨大的训练数据以及先进的算法。大数据可以在数据的分析处理过程中获取自己所需要的信息，因此在复杂困难的任务和问题面前，大模型能够很好地做出应对，得出正确的结果，提供有益的指导和有效的解决方案。

② 高度的灵活性和适应性。大模型的灵活性和适应性非常强，可以通过自我优化和调整适应不同场景和任务的需求，这使得大模型的应用非常广泛，其能力的发挥不受领域的限制，在语音处理、自然语言理解以及计算机视觉等各个领域，大模型都拿出了优秀的表现。

③ 可持续的迭代和改进。技术的发展和数据的累积是一个持续进行的过程，技术和数据的更新使大模型得以不断接受新的训练，其能力将不断增强，性能将越来越出色。

（2）AI大模型的应用场景

智能问答、聊天机器人、自动文本生成、语音助手等许多场景都会用到大模型，如图1-17所示。大模型可以通过功能定制化满足不同行业的需求，为用户提供更好的使用体验，让工作变得更加高效。

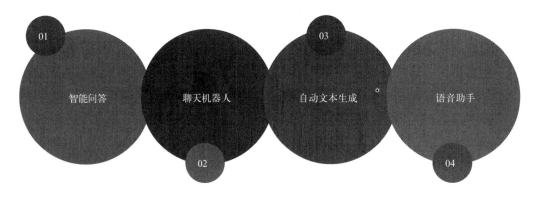

图 1-17    AI 大模型的应用场景

① 智能问答。在使用大量问题与回答进行训练后，大模型具备了智能问答的功能。智能座舱中的乘客可与系统实现语音互动，乘客提出的交通状况、天气预报以及座舱设备操作等各个方面的问题，都可以得到大模型快速而准确的回答。

② 聊天机器人。在智能座舱中，拥有自然语言处理能力的大模型，就像乘客的一位见多识广且细心体贴的朋友。它可以与乘客聊天，在旅行、餐饮、娱乐方面给出实用的建议，也可以提供与乘客需求相适应的个性化服务，让乘客获得更加舒适的乘坐体验。

③ 自动文本生成。大模型的文本生成能力非常强大，一些规范性的文本，如公告、通知、报告等都可以由大模型自动生成，为人们节省宝贵的时间，避免重复性的工作。在智能座舱中，大模型的文本生成能力可以用于生成驾乘人员在驾驶场景下需要的文本，如行车报告、旅行日志等。

④ 语音助手。大模型有语音识别和语音合成的能力，借助语音识别能力，可以将驾乘人员发出的语音指令识别为文字，随后借助语音合成能力发出清晰流畅的语音以对指令做出回应。驾驶员如果有控制座舱设备、调节温度、选择音乐的需要，都可以向语音助手寻求帮助，以使操作变得更加便捷，获得更好的用车体验。

## 1.3.2    大模型重新定义智能座舱

大模型在智能座舱领域的应用将体现在多个方面，包括语音识别、定制化服务、多模态交互，以及各种智能和娱乐场景，这有助于提高汽车的智能化程度，让汽车更好地适应消费者的需求。大模型在智能座舱领域的应用优势如图 1-18 所示。

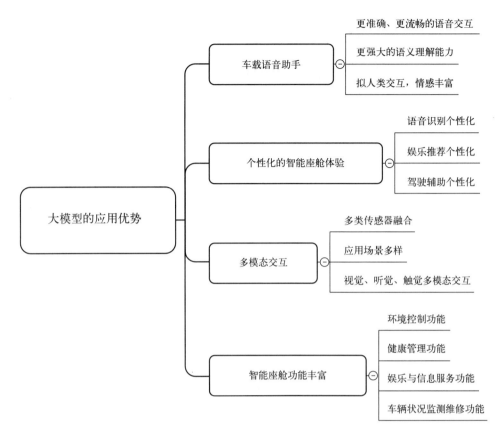

图 1-18　大模型在智能座舱领域的应用优势

（1）车载语音助手

许多车企借助语音识别技术将大模型应用到了汽车上。ChatGPT 等大模型产品以对话作为工作方式，以提供辅助作为产品定位，与智能座舱的语音助手模块有很多相通之处，因此语音助手模块成为车企引入大模型的切入点，在大模型的支持下，智能座舱的语音助手拥有了更丰富的能力，具备了更强大的功能。

① 更准确、更流畅的语音交互。深度学习和自然语言处理技术让大模型有着强大的理解和分析能力，能够更为准确地识别和理解用户发出的语音指令。

② 更强大的语义理解能力。基于大模型，语音助手可以对用户使用语言的习惯、上下文信息和个性化需求有较为深入的了解和学习，在准确理解用户想法的前提下做出更恰当的回应。举例来说，理想汽车的 MindGPT 中文大模型拥有自带的记忆网络，让车载 AI 助手"理想同学"能够根据历史对话形成对用户偏好和习惯的记忆。

③ 拟人类交互，情感丰富。在大模型的作用下，车载语音助手从不同方面模拟人类。运用人类语言表达方式，表露出人类情感的语音助手对于用户来说显得更

加亲切，用户在流畅的语言交流和自然的情感沟通中获得了更好的体验。更重要的一点是，车载语音助手可发挥抓手的作用，让大模型得以进入到汽车这一重要的生活部件中来，并进一步在各种用车场景下实现更广泛的应用。

（2）个性化的智能座舱体验

借助 AI 大模型，智能座舱了解用户的偏好和习惯，在座舱界面以及交互方式上量身定做专属于每位用户的个性化服务。

① 语音识别个性化。不同用户在语言、口音、讲话习惯、文化背景、乘坐频率等方面存在差异，大模型根据这些差异做出个性化识别，提供更适应用户特征的显示语言、音频提示以及界面布局，通过精准度更高的服务减少交互过程中存在的障碍。

② 娱乐系统个性化。AI 大模型能够为用户推荐符合其娱乐偏好的个性化内容，并根据用户过往的娱乐行为，预测用户在音乐、电影、游戏等方面的偏好，车载娱乐系统会及时为用户做出推荐，使用户获得更好的交互体验。

③ 驾驶辅助个性化。根据驾驶员的个人驾驶习惯和偏好，并借助驾驶辅助系统的支持，AI 大模型为驾驶员提供各方面的个性化服务，包括导航路线、座椅姿势、座椅支撑力和按摩力度，使驾驶员拥有更加舒适的驾驶体验。AI 大模型同时也可以满足乘客的偏好和需求，通过调节温度、湿度、照明创造更加舒适的座舱环境，提升乘客的乘坐体验。

（3）多模态交互

借助多模态的大模型技术，可以实现对多种数据的综合处理，包括语音、视觉、触觉等。

① 在语音和自然语言数据的处理上，大模型能够更加精准地识别语音，准确理解驾驶员发出的语音指令，并完成语音向文字的转换，通过语音的方式实现与驾驶员的智能交互。

② 在视觉和图像数据的处理上，大模型基于深度学习，运用计算机视觉技术，准确分析和处理智能座舱内以图像形式存在的数据，将驾驶员以非语言形式（如面部表情、身体活动等）发出的信号识别转换为语言指令，并给出相应的反馈。

③ 在触觉数据的处理上，安装于座椅的传感器会提供有关触觉的数据，座椅也会发出振动信号，大模型通过对这些触觉感知信息的分析，将座椅的响应能力提升到更高的水平。比如对座椅的支撑力和按摩力度做出调节，以更好地适应驾驶者的体态和动作，让驾驶变得更加舒适。

智能座舱的内外分布着许多不同种类的传感器，多模态大模型技术将这些传感器融合起来，对传感器提供的各种数据进行分析和综合，能够对驾乘人员的需求形成较为全面的了解，以便于提供更具针对性和更加专业化的服务。

在理想汽车于 2023 年 12 月发布的 OTA 5.0 中，理想汽车的语音系统"理想同学"借助数字硅麦、3D ToF 摄像头、IR 传感器等硬件，以空间多模态感知 3M 技术作为支撑，对存在于智能座舱内的多模态信息实现明确感知。理想全自研多模态认知大模型如图 1-19 所示。

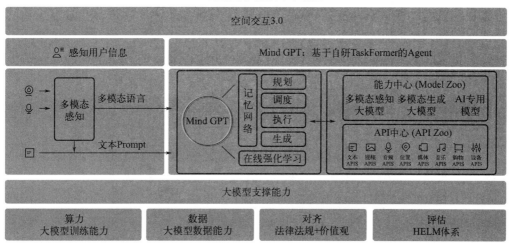

图 1-19　理想全自研多模态认知大模型

举例来说，驾驶员在座舱内说话时，理想汽车不仅会识别语音，也会对图像进行识别。比如，驾驶员说话时头部会转向右侧，说话的对象有可能是车载语音助手，也有可能是坐在副驾驶的乘客，车辆对驾驶员的说话对象做出判断并给出反馈。未来，大模型在智能网联汽车中将实现更为广泛深入的应用，智能座舱多模态的交互能力将在大模型的支持和推动下得到极大的提升，届时，用户交互体验以及驾驶的舒适性和安全性都将迈入新的层级。

（4）智能座舱功能更加丰富

在 AI 大模型技术的帮助下，智能座舱不再局限于单模态的常见的功能，而是从环境控制、健康管理、娱乐服务、汽车状态监测等方面实现驾驶功能的扩展和升级。智能座舱功能的丰富代表了技术的进步和创新，顺应了汽车智能化转型的趋势，能够更好地满足消费者的需求，为用户提供更佳的用车体验。

① 环境控制功能。温度和湿度传感器，以及空气质量检测器等会提供关于座舱内温度、湿度、空气状况的数据，AI 大模型能够通过这些数据感知座舱内的环

境。智能座舱系统借助空调系统、通风系统和空气过滤器对座舱环境做出调节和控制，为乘客创造一个舒适健康的乘坐环境。

② 健康管理功能。与用户健康状态相关的传感器会提供乘客的心率、血压等身体数据，AI 大模型对这些数据进行分析监测，通过预警等方式防止乘客健康状况变动导致的意外，提升驾驶的安全性。此外，根据乘客的个人健康数据，并参考座舱环境信息，AI 大模型会制定适合用户的健康管理方案。

③ 娱乐与信息服务功能。根据用户的娱乐偏好，AI 大模型可以为用户推荐其感兴趣的音乐、电影等。乘客出行时需要航班、酒店、美食等方面的信息，AI 大模型同样可以根据用户的个人偏好和出行目的给出相应的推荐和建议。依靠大模型，座舱的智能化程度得到了显著提高，同时也能够更精准地满足用户需求，使用户拥有更好的使用体验。值得一提的是，依靠多模态交互，智能座舱可以实时监测驾驶员的精神状态，根据驾驶员的疲劳状况和注意力集中状况调节娱乐设备声音，提高驾驶的安全性。

④ 车辆状况监测维修功能。根据车辆传感器提供的信息，AI 大模型能够明确地掌握车辆的装备状态，如果出现故障将及时发出预警，尽可能降低事故发生的概率，增强车辆的耐久性。此外，大模型会记录与过往装备修理有关的数据，通过参考历史数据能够更快更准地找到问题所在，维护效率由此得到了提升。

## 1.3.3 "大模型上车"的商业模式

（1）数据服务

在将大模型应用于智能座舱的过程中，数据的采集和处理是一项基础性的工作。对于车企来说，座舱用户数据是很重要的信息，通过对数据的分析，汽车可以为用户提供更加精准的服务，提高用户的满意度，这将为企业带来更多收益。座舱内置有传感器、摄像头、语音识别设备等部件，它们可以用来采集驾乘人员的行为数据、语音指令、情绪表达等用户数据。

与驾驶相关的数据不仅包括车辆内部数据，也包括交通状况、道路信息等车辆外部数据。通过与其他车辆或是交通设施之间建立连接，可以获取外部数据。大模型依靠收集到的数据进行分析，展开训练。借助大模型数据处理技术对大量的原始数据进行清洗、存储和分析，提炼出有用的信息。

分析驾乘人员的行为数据，提供符合其出行偏好和习惯的个性化定制服务。另外可以通过分析语音数据和情绪数据了解乘客的情绪状态，为乘客创造一个更加舒适的座舱环境。

数据服务的盈利方式有多种。合作伙伴、第三方开发者以及其他的相关企业会根据座舱数据进行产品和服务的开发，为他们提供数据订阅服务，是数据服务实现盈利的一种常用手段。另外，数据服务也可从广告商处获得收益，为广告商收集其所需要的关于目标受众的信息，帮助其更精准地进行广告投放和营销。除了上述两种以外，还有一种盈利方式是为数据服务开通付费模式和增值服务。

（2）创新型技术合作

车企和AI技术公司可实现强强联合，将大模型应用于智能座舱领域，推动智能座舱技术的进步，使智能座舱拥有更高的产品价值。双方可从技术、数据、产品等层面入手，展开合作。

车企和AI技术公司在本领域都积累了丰富的专业知识和资源，双方可实现知识和资源共享，同心协力投入到技术研发中。AI技术公司有着先进的成熟度较高的大模型技术和算法，将技术与车企的实际需求结合起来，完成智能座舱的开发。双方发挥合作优势，实行数据共享，利用更全面的数据实现更加精确的数据分析，让智能座舱拥有更出色的性能，让用户获得更好的使用体验。

车企和AI技术公司的合作也体现在产品层面上，双方共同完成智能座舱这一产品的研发、推广、销售等。车企和AI公司有着各自的市场渠道和销售网络，双方达成合作后，可以实现渠道和网络的扩宽，这样一来智能座舱产品将获得更广的销路，占据更多的市场份额。依靠AI技术公司的专业优势和技术能力，车企可大幅提高产品研发效率，尽早完成产品上市，以占据有利位置，获得更高的收益。

AI技术公司的加入为车企带来了先进的大模型技术和AI算法，使智能座舱产品具备了更加强大的功能和性能。另外，在数据处理、机器学习、人机交互等方面，AI技术公司有着雄厚的专业知识储备，积累了丰富的经验，这些宝贵的资源同样可以为车企所用。合作是互惠互利的，AI技术公司可以在与车企的合作中获得更多技术应用和实践的机会，有助于技术的更新迭代。

（3）定制化解决方案

在智能座舱领域，不同品牌与价位的车辆在需求和预算上存在差异，而大模型技术拥有很高的灵活性，使它能够根据车辆的具体情况提供具有针对性的解决方案。每家车企的产品都有属于自己的品牌定位，也都有特定的目标用户群体，AI技术公司的加入使车企得以全面深入地了解目标用户的需求和喜好，根据用户的个性化需求开发智能座舱的定制化功能，使不同的用户都能得到符合自己期望的使用体验。可从以下几点出发，开发智能座舱领域的定制化解决方案。

① 不同品牌和级别的车辆对应不同的座舱设计和布局，以此实现定制化解决方案。高端豪华车型的用户对座舱的舒适性和豪华感要求较高，因此这类车型座舱

空间要大，配置也要高级；经济型车型的用户在意的是实用和经济，对于这类车型来说，座椅功能做到简单实用即可。

② 参照用户的需求和习惯，实现个性化配置。大模型可以通过数据分析得出用户在驾驶、座椅、娱乐等方面的偏好和习惯，智能座舱可据此提供定制化服务，给出符合用户需求的导航路线，推荐用户感兴趣的音乐，将座椅调整为与用户习惯相适应的姿势，让用户获得更加舒适的驾驶体验。

③ 考虑用户的预算，为用户提供个性化配置。每位用户对智能座舱功能有着不同程度的需求，他们为此准备的预算也有差异。针对这样的情况，车企可以提供配置套餐。用户根据自己的实际需求和预算情况选择不同的配置套餐，防止出现功能的过剩和浪费，避免让用户花费计划之外的成本，使用户获得更好的使用体验。

（4）软件即服务

借助软件即服务这一商业模式，车企能够在花费更少研发和维护成本的同时，实现智能座舱系统的升级和优化。订阅软件服务能够让车企轻松地得到智能座舱系统的最新功能，为车企省去了耗资颇多的研发和维护工作，也让智能座舱系统的更新和升级更加及时，更好地满足持续处在变动中的用户需求。

软件即服务这种商业模式的优点还体现在功能扩展和个性化定制选项上。从自身的需求和习惯出发，用户可以选择功能套餐，或者是实施定制化设置，得到适合自己的智能座舱功能和服务。用户的订阅情况和使用数据也可以为车企提供参考，后者可借此推动智能座舱系统在功能和性能上的进步，相应地，用户将获得更加精准的使用体验。这一商业模式可以让车企把大部分资源和精力都投入到核心业务中去，提高了车企的商业效益，也让用户得以享受到更高质量的智能座舱服务，获得了更贴合自身情况的智能座舱解决方案。

第 **2** 章

# 智能座舱操作系统

# 2.1 智能座舱操作系统概述

## 2.1.1 智能座舱 OS 的演变与特点

近年来，国家大力发展新能源汽车，汽车开始朝着智能化方向发展。智能座舱和智能驾驶作为汽车智能时代的双子星，也随着汽车电子化的浪潮迅速发展。其中，智能座舱最接近用户，其升级与发展至关重要。目前智能座舱领域作为智能汽车超越传统汽车的重要切入点，功能不断升级，传感器数量逐步增加，对芯片的运算能力要求也不断提高。

目前，软件定义汽车的概念逐渐被接受，在此背景下开发智能座舱的核心因素有操作系统、芯片、数据以及应用算法软件等，从以上关键因素入手来分析座舱操作系统的现状及未来发展趋势，有助于该产业明确其在新一轮科技浪潮中的发展战略。

在软硬件技术不断创新发展的过程中，智能座舱的发展理念也在不断演变，现阶段其以"客户体验"为核心的理念主要表现在座舱内部更为安全且更加舒适与智能，具体表现为以下三方面：

- 软件定义汽车，车主能够为车辆添加、启动新功能，达成场景的个性化设定；
- 交互模式开始向多模交互转变，交互能力开始转向认知以及主动式交互；
- 座舱显示也在逐步朝着大屏、多屏、3D 等高清感官方向更新升级。

在新一代电子电气架构发展的影响下，座舱系统领域也在不断加快融合，开始整合部分智能驾驶辅助系统等，如在后排娱乐等基础功能上融合驾驶员监控系统、智能驾驶辅助系统等。这类整合座舱需要更高的算力，由此带动芯片工艺的发展，当芯片的迭代速度加快时，汽车生产周期就会缩短，有助于实现开放式、标准化、可扩展的一体化软件平台，最终达到软硬件解耦，使得汽车座舱产品体验更具个性和差异性。

（1）智能座舱操作系统的演变

操作系统（operating system，OS）是决定系统资源分配先后顺序的一个计算机程序，能够同时控制和管理计算机的软硬件资源，并为用户提供与系统交互的操作界面，为其他软件提供方便的接口与环境，是计算机系统中最基本的系统软件。随着信息技术的发展和用户需求的提升，越来越多的设备会配置相应的操作系统，比如电脑、手机、智能家电等。

智能座舱在拥有了越来越多的功能后，自然也需要定制相应的操作系统。实际上，智能座舱的操作系统自嵌入式电子基础软件衍生而来，主要包括以下两类：

① 电子控制类设备。电子控制类设备向控制器直接发送控制指令，以此控制发动机、变速箱等配合工作的部件或总成，一般统称为 ECU（electronic control unit，电子控制单元）。一般来说，ECU 与汽车的行驶性能和安全息息相关，智能座舱中所装配的 ECU 主要包括以下几种类型：电池管理系统（battery management system，BMS）、发动机电控系统（engine management system，EMS）、车身电子稳定系统（electronic stability program，ESP）等。

② 信息娱乐设备。仪表、中控、流媒体后视镜等车载娱乐设备与驾驶人员的体验息息相关，不过这类部件不会对车辆性能及安全产生影响。信息娱乐设备主要包括行车电脑、汽车音箱、上网设备、导航系统、车载通信系统和电视娱乐系统等设备，这些设备均具有一定的独立性，在汽车环境中能够不受汽车性能影响，与汽车的控制决策之间没有直接关联，且不会对汽车的行驶性能和行驶安全性造成较大影响。

智能座舱操作系统在实时性和可靠性方面并没有较高要求，且既能够支持智能座舱为车辆驾乘人员提供车载信息娱乐服务，也能够支持车辆驾乘人员与车辆进行人机交互。近年来，汽车行业的用户需求不断变化，汽车逐渐发展为具备多种功能的智能移动终端，智能座舱操作系统也需要随之升级，并结合各类生态资源，为智能座舱中日渐多样化的应用和服务提供支持。

（2）智能座舱操作系统的特点

概括而言，智能座舱操作系统具有如图 2-1 所示的几个方面的特点。

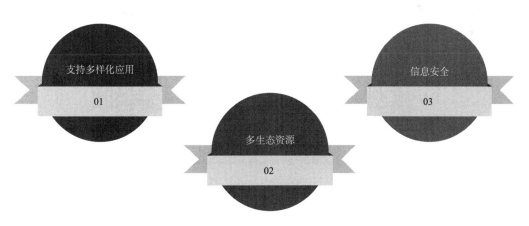

图 2-1　智能座舱操作系统的特点

① 支持多样化应用。智能座舱操作系统需要为智能座舱实现多样化的功能提供支持。就目前来看，汽车座舱已经逐渐集成了支付、导航、娱乐、信息服务等多

个方面的功能，能够通过支付宝、QQ音乐、大众点评和喜马拉雅等网络APP来为车辆驾乘人员提供所需服务。

② 多生态资源。为了便于应用程序移植，许多智能座舱操作系统都使用Android系统或Linux系统。现阶段，人们可以通过手机端来获取各类信息娱乐服务生态资源，也可以借助这类操作系统将手机端的各项功能集成到车辆智能终端中，从而避免重复开发，提高软件开发资源的利用率和丰富车端生态的速度。

③ 信息安全。智能座舱连接着底盘控制和自动驾驶等多个汽车控制系统，能够影响到用户的信息安全和财产安全。为了保障车辆信息安全，汽车行业的相关研究人员在把手机操作系统向智能座舱移植的过程中还需进行深度定制。

## 2.1.2　智能座舱OS的构成与类型

（1）智能座舱操作系统的构成

智能座舱操作系统的构成如图2-2所示。

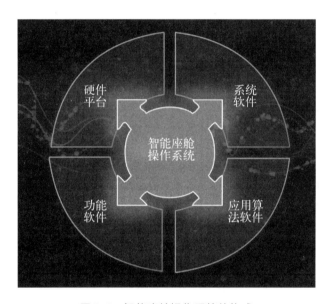

图2-2　智能座舱操作系统的构成

① 硬件平台。智能座舱的硬件平台主要可以划分为两部分，其一是与人工智能相关的单元，其二是驱动单元。总的来说，为了提升智能座舱的性能、提升用户的使用体验，硬件平台需要为算力的叠加、配置的拓展以及芯片的灵活选择提供支撑。

② 系统软件。智能座舱场景下的嵌入式系统的运行环境有三层，如表 2-1 所示。

表2-1　软件系统的运行环境

| 运行环境 | 具体内容 |
| --- | --- |
| 系统内核 | 作为系统最基础且关键的部分，决定着系统性能以及稳定性，主要负责管理系统的内存、进程以及网络系统等 |
| 硬件抽象层 | 主要包含虚拟化技术、板卡支持包等，其中板卡支持包主要位于 OS 与硬件电路之间的接口层来把硬件抽象化，达成与硬件的解耦，实现多平台移植 |
| 中间层 | 位于操作系统与应用之间，亦称 APP 服务器层，能够提供标准的接口与协议，可以加强程序的可移植性 |

③ 功能软件。功能软件部分主要包括多模交互、云控平台、网联功能、通用框架等核心共性功能模块，这些功能软件与上述的系统软件相结合构成了完整的座舱域 OS，推动座舱智能化逐步走向现实。

④ 应用算法软件。应用算法软件是座舱智能化的重要保障，与车辆的自动化、智能化运行以及驾驶员和车辆之间的交互密切相关。

（2）智能座舱 OS 的类型

智能座舱的操作系统主要有智能座舱域 OS 和自动驾驶域 OS 两种类型，前者更加注重兼容性、开放性和生态联合，后者更加注重安全性和稳定性。通常情况下狭义的 OS 主要指其内核，因为它可以决定系统的性能以及稳定性，能够管理系统的各类程序和网络系统等；而广义的 OS 则可以根据对底层操作系统改造程度的不同分成四类，如图 2-3 所示。

图 2-3　智能座舱 OS 的类型

① 基础型汽车 OS。打造全新底层操作系统和所有系统组件，主要包含系统内核、底层驱动层，属于汽车的底层操作系统，部分 OS 还包括 Linux、ALIOS、QNX 等虚拟机。由于造全新操作系统需要花费太大的人力、物力，目前基本没有企业会开发全新的底层操作系统。

② 定制型汽车 OS。即根据具体需求进行定制化研发的操作系统，比如调

整应用程序的框架、具体的运行环境等。目前华为、Google 等全球领先的 ICT 基础设施供应商以及特斯拉、大众等知名车企已经研发出具有代表性的汽车操作系统。

③ ROM 型汽车 OS。在基础型 OS 上进行定制开发，不过通常只修改应用程序等，不会变更系统的内核。从实际操作上来看，汽车行业的相关开发人员可以以 Linux、Android 等操作系统为基础，在不改变系统内核的情况下，通过对操作系统自带应用程序的调整来实现有限的定制化开发。就目前来看，只读存储器（read only memory，ROM）型操作系统是许多主机厂开发的重点，在国外，大多数主机厂将 Linux 作为底层操作系统，在国内，Android 系统的应用更为广泛，因此大多数车企选择在 Android 系统的基础上根据自身实际情况开发汽车操作系统。

④ 超级 APP。超级 APP 亦称"手机互联"，主要指通过整合多媒体、导航、语音、微信等功能，满足不同用户需求的应用程序。超级汽车 APP 指的是车机互联系统，也叫作手机映射系统，与汽车操作系统相比，这类系统的完整度不高，但可以在车载中控中呈现出手机屏幕中的内容，且集成了地图、音乐、社交等多项功能，能够充分满足用户需求，如苹果公司推出的 CarPlay，谷歌推出的 Android Auto，百度推出的 CarLife 和华为推出的 HiCar 等。

按照目前智能汽车的发展形势来看，"软件定义汽车"逐渐成为该行业的共识，行业的盈利模式也悄然发生改变，以往的依靠汽车制造与销售来盈利的模式逐渐退出，大规模软件附加保有量收费的模式正在兴起，所以很多汽车主机厂都在试图转向新的盈利模式，想要通过汽车底层软硬件的控制权来掌控顶层的生态环境。现阶段众多汽车主机厂会选择免费、中立的操作系统，降低外部软件供应成本，同时，扩充内部软件研发团队、采用多样的开源软件资源来缩短系统的开发周期，降低系统的开发成本。

## 2.1.3　智能座舱 OS 的挑战与对策

（1）智能座舱系统发展面临的挑战

就目前而言，智能座舱系统的发展还面临着诸多挑战，具体体现在如图 2-4 所示的几个方面。

① 系统性能。近年来，人们的生活节奏越来越快，对系统性能的重视程度也越来越高。具体来说，启动速度、界面切换速度等都是衡量系统性能的重要因素，用户会根据这些因素对智能座舱系统进行打分。但软硬件可能会在一定程度上限制

图 2-4　智能座舱系统面临的挑战

系统性能，因此，汽车行业还需在最大限度上优化软件，发挥硬件性能。

② 系统安全。系统安全直接影响着驾乘人员的生命安全和财产安全。随着软件和互联网行业的不断发展，各种相关技术和系统不断推陈出新，但同时黑客技术也在持续提升，汽车行业必须进一步加强对系统安全的保障。

③ 系统稳定。智能座舱系统具有多样化的功能，能够为车辆驾乘人员提供工作、娱乐、驾乘辅助等多个方面的服务。近年来，智能座舱的功能越来越多，系统复杂度日渐升高，智能座舱系统开始频繁出现软件问题，为了快速有效解决各类软件问题，汽车行业的相关工作人员还需确保智能座舱系统的稳定性。

④ 知识产权。随着人们的知识产权保护意识逐渐增强，汽车行业需要提高对知识产权的重视程度，加强对知识产权保护自研技术的研究和应用，防止因竞争对手进行专利设卡而限制自身发展。

⑤ 个性化需求。智能座舱的用户涉及多个群体，如这些用户可以按照年龄划分为年轻人、中年人、老年人等多个群体，也可以按照性别划分为男性和女性。各个用户群体通常具有不同的偏好和习惯，汽车行业的相关研发人员在开发智能座舱操作系统时，应充分考虑用户群体之间的差异，了解并满足不同用户群体个性化的需求。

（2）智能座舱系统发展中的对策

① 软件平台化。由于低耦合设计能够增强软件扩展和定制的灵活性，为汽车智能座舱系统充分满足用户的个性化需求提供支持，因此可以基于此种思路实现软件平台化。同时，软件平台化也有助于汽车厂商降低研发成本，提高软件质量。

② 软件规范化。汽车行业应制定并严格落实软件代码规范，确保汽车智能座舱系统软件的规范性。从实际操作上来看，为了提高系统稳定性，汽车行业可以

提高命名规则的可读性，降低功能设计的扩展维度难度，并充分发挥 SonarCube、LeakCanery 等专业代码质量检测工具的作用，对系统软件的代码进行检测，通过软件规范化的方式来确保软件质量。

③ 保持快速迭代。为了向系统中导入软件漏洞补丁、安全漏洞补丁和各项新功能，汽车厂家需要制定空中下载（over the air，OTA）技术和软件在线升级（software over the air，SOTA）两项远程技术方案。

④ 保持技术创新和导入。为了抢占 5G 和人工智能时代的发展先机，汽车企业需要提升对各项相关新技术的关注度，并积极跟进技术创新，将各类新兴技术与产品导入并融合。

近年来，通信技术飞速发展，智能座舱操作系统不断升级，为了提升市场变化应对能力，汽车企业需要深入分析智能座舱系统的发展过程，全方位了解具有代表性的车型中所装配的智能座舱系统，并明确当前智能座舱的问题，制定相应的解决方案，在优化用户体验的基础上进一步对智能座舱系统进行创新升级。

面向服务的架构（service oriented architecture，SOA）是一种粗粒度、松耦合服务的组件模型。对汽车行业来说，可以利用 SOA 来解耦各类应用服务，并借助已完成定义的各个接口来对这些应用服务进行调用，从而提高各项应用服务交互方式的一致性，加快实现软件定义汽车的进程。

## 2.1.4　智能座舱 OS 技术发展趋势

（1）虚拟化技术

ISO 26262《道路车辆功能安全》国际标准中对汽车安全完成性等级做出了明确规定，仪表盘的关键数据和代码与娱乐系统处于不同的安全等级。因此，汽车行业在智能座舱操作系统中融入虚拟机管理的概念，以便同时运行可达到车规级安全标准要求的 QNX 和 Linux。

近年来，座舱处理器的性能日渐增强，座舱电子中的功能不断增多，虚拟机逐渐成为座舱电子域控制器中必不可少的软件系统。

虚拟环境中的各项硬件资源均具有虚拟化的特点，虚拟机可以调度这些虚拟化的硬件资源，协调各个操作系统，而处于虚拟机协调下的各个操作系统也可以对虚拟化硬件资源进行共享，以便确保各个操作系统之间相互独立。

就目前来看，在汽车行业中应用较为广泛的虚拟机主要包括 BlackBerry 开发的 QNX、英特尔主导的 ACRN、Mobica 推出的 XEN、松下旗下的 Open Synergy

开发的 COQOS、德国大陆汽车推出的 L4RF 和法国 VOSyS 开发的 VOSymonitor 等，除此之外，Pike、eSOL、Pike、intergrity 和 Redbend 等虚拟机也常用于智能座舱中。

由于虚拟化技术的特点，当其应用于复杂的嵌入式系统时，不仅能够有效提升软件的安全性，而且可以使得硬件系统的利用率也得到极大提升。这项运行于物理硬件和虚拟客户机之间的软件技术主要用于创建、运行、管理客户操作系统，该系统能够访问 CPU、内存和外围设备等底层硬件资源，还能够提供硬件设备共享功能，是一个实现跨平台应用的重要途径。虚拟化主要有三种类型，如表 2-2 所示。

表2-2　虚拟化的三种类型

| 主要类型 | 具体内容 |
| --- | --- |
| 硬件虚拟化 | 利用硬件来帮助虚拟化软件实现其一部分功能，由此加快虚拟化操作。常用的硬件虚拟化方式有透传、半虚拟化和全虚拟化三种 |
| 操作系统虚拟化 | 多使用于云服务中，通过特定进程对算力、存储等资源进行管理，能够实现物理操作系统和虚拟操作系统的隔离，同时可以有效避免物理操作系统安装的重复性 |
| 应用程序虚拟化 | 应用程序虚拟化是管理软件的一种新方式，使用虚拟软件包来防止应用程序和数据，降低了干扰其他应用程序的风险 |

（2）感知算法

车辆感知相当于人类行走过程中通过双眼对周围环境进行认知和理解，比如了解视野中有哪些物体、距离物体的远近、物体的属性等。因此，感知算法所涉及的领域就会比较广，如声学、语音、视觉以及多模态交互融合等方面，而其中视觉涉及人脸识别技术、手势识别技术；语音涉及语音识别、回声消除以及降噪等。

在智能座舱中，用户与车辆之间的交互涉及图像、音频等多种信息，而要识别和处理这些信息就离不开多模态技术。如语音交互技术，智能座舱要实现对场景中各种声音的识别，就需要利用声音降噪、回声消除、人声分离、多音区定位等语音交互技术；再如视觉基础技术，智能座舱要提升其性能，就需要配置分辨率更高、数量更多的传感器，而视觉识别技术也应该具备立体建模以及自主学习等能力。在此基础上，智能座舱的人机高效交互对算法的要求也更高，其不仅应该降低对网络的依赖性，还需要尽可能低延迟，如此严格的要求对于传感器的数量及能力都是考验，由此造成对算力的要求也逐步提高。

# 2.2　智能座舱的底层 OS 系统

近年来，车辆的智能化和网联化程度不断提高，智能座舱也逐渐成为人们关注的重点。为了提高人机交互的准确性和效率，并保障多样化车载信息娱乐服务功能的发挥，智能座舱的操作系统必不可少，它是汽车座舱向智能化方向发展的过程中不可或缺的一部分，也是支持汽车实现多源信息融合的重要运行环境。

就目前来看，大多数车型中所装配的智能座舱操作系统大致可分为三种类型，分别是 Android、Linux 和 QNX，除此之外，也有少量车型使用其他类型的智能座舱操作系统，如国外部分车型应用了 WinCE 等智能座舱操作系统。由于智能座舱在开发的早期更加注重各种功能的叠加，因此采用比较多的操作系统是 QNX。而随着用户对于信息服务和娱乐需求的提升，在手机端发展成熟的 Android 以及具有开源特点的 Linux 也逐渐得到青睐。

## 2.2.1　Android 操作系统

作为 Linux 的发行版本，安卓系统的功能更加强大，同时其系统也更为复杂。它一度被认为是 Linux 发行版本中最成功的产品之一，主要适用于移动互联设备。安卓操作系统是由开放手机联盟和谷歌公司基于 Linux 系统进行开发的，具有灵活、开源和可移植性强等优势，所以当下我国的车载娱乐系统通常在安卓系统基础上进行开发。不过安卓系统也有其自身的缺陷，如安全稳定性差、技术维护成本高、对谷歌依赖性过高等。

事实上，安卓系统主要以丰富的应用生态为切入点来开发车载娱乐系统，又因为该系统对安全稳定性的要求不那么高，所以安卓系统依然可以依靠其灵活、开源、可移植性等优势在该领域占据较大的市场份额。

从智能座舱操作系统的市场占有率方面来看，以上三类智能座舱操作系统基本处于平分秋色的状态，但若从软件定义汽车或自动驾驶汽车的发展历程方面来看，这三类智能座舱操作系统则存在许多不同之处，不仅如此，对智能座舱域来说，应用的生态和智能化的发展是影响其市场格局的重要因素。

随着智能座舱的生态环境与手机等消费类电子产品的生态之间的联系越来越密切，Android 系统的优势愈发凸显。具体来说，导航类 APP、音乐类 APP、视频类 APP 和内容类 APP 等多种手机应用 APP 都可以进一步配备到汽车智能座舱中，为用户统一管理和应用车辆和手机中的各个账户和各项资源提供方便。

在我国，Android 系统拥有十分丰富的应用生态，可以在汽车智能座舱系统中发挥重要作用。就目前来看，车载信息娱乐系统在安全性方面的要求不高，因此拥有以上优势的 Android 系统即便存在安全性不高、稳定性不足等缺陷，也能够发展成为我国各类车型中广泛应用的一种车载信息娱乐系统。与此同时，各大互联网企业、自主品牌和新兴车企也在积极开展 Android 的定制化改造工作，并开发出阿里 Ali OS、百度小度车载 OS、比亚迪 DiLink、蔚来 NIOOS、小鹏 Xmart OS 等多种服务于企业自身推出的汽车操作系统。

具体来说，Android 操作系统可分为 Android Auto、Android Automotive 和传统 Android 三种类型，如图 2-5 所示。

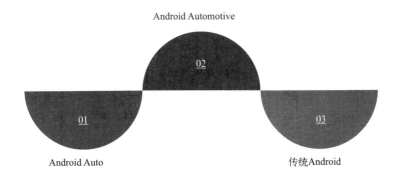

图 2-5　Android 操作系统的类型

（1）Android Auto

Android Auto 是一种集成在 Android OS 中的 feature。在装配有 Android Auto 系统的车辆中，Android Phone 可以借助 USB 或 Wi-Fi 来连接车辆，并在此基础上借助 Android OS 将处于 Auto 模式的 APP 向车机屏幕进行图像投屏。对智能座舱来说，Android Phone 可以在对数据进行计算和渲染等处理后，将经过处理的新的帧数据回传到车机中，由车机来进行 Display。

（2）Android Automotive

Android Automotive 是一种基于原手机 Android 的系统架构的模块，且与车机之间存在着密切关联。具体来说，Android Automotive 主要由以下几部分构成：

- Car APP：OEM 和第三方开发的 APP；
- Car：汽车 APP 特有的接口；
- CarService：系统中关于车的各项服务；
- Vehicle Network Service：汽车的网络服务；
- VehicleHaL：汽车的硬件抽象层描述。

Android Automotive OS 主界面中具有 Google Map、语音助手 Google Assistant、

电话和应用四个功能卡片，且这四者在整个界面中平均分配。近年来，地图的优先级日渐降低，整体高频车载功能的优先级不断提高。同时，各类快捷图标的应用也能够有效避免车辆驾驶员在驾驶车辆的过程中出现分心等问题，不仅如此，摄像头和车辆控制等重要功能均位于驾驶位左上角处，离驾驶座距离较近，驾驶员可以轻松触达。

（3）传统 Android

传统 Android 是我国大多数新能源车企所应用的一种智能座舱操作系统，具体来说，许多新能源车企会根据自身实际需求和风格对自研座舱 OS 模式的传统 Android 进行优化调整，确保智能座舱操作系统能够为用户带来更多便捷，进而提高用户黏性。蔚来、小鹏和理想等国内车企均采用了以传统 Android 版本为基础的自研 OS。除此之外，AITO 问界所采用的华为鸿蒙车机中装配的智能座舱操作系统的操作界面也与 Android 的操作界面十分相似。

## 2.2.2　Linux 操作系统

科学技术的快速发展推动了汽车行业的进步，同时 Linux 在汽车行业的应用范围也得到了进一步扩大。具体来说，技术水平的提高可以支持 Linux 实现更多功能，而 Linux 也可以凭借自身功能日渐多样化的优势应用到更多场景当中，就目前来看，Linux 操作系统已经实现了集群系统和大数据并行化，因此采用 Linux 的汽车厂商正在不断增多。

Linux 具有稳定、安全、开放源码等优势，自身功能强大，内核高效且紧凑，可以有效发挥硬件性能。核心防火墙的组件虽然配置简单，但能够发挥出高效的性能，使得系统安全得到保障。Linux 组件构成较为复杂，同时功能也更加强大，支持多用户、多任务运行，且支持几乎所有的网络协议及开发语言。

总而言之，Linux 在汽车行业中发挥的作用越来越大，且正在逐渐成为汽车行业中广泛应用的操作系统，为汽车进一步提高安全性以及实现自动化和智能化提供了强有力的支持，同时也为汽车行业带来了新的安全应用场景，促进了汽车行业的发展。

以 Linux 为基础的汽车操作系统主要包括特斯拉等完全独立开发的 Linux、Genivi 和车规级 Linux（automotive grade linux，AGL）三种类型。

（1）独立开发的 Linux

特斯拉是一种比较有代表性的装配有独立开发的 Linux 的车辆，特斯拉车辆的座舱采用了 x86CPU+Linux 版本的智能座舱操作系统，同时也将英特尔或超威半导体公司（Advanced Micro Devices，AMD）推出的系统级芯片（system on chip，SoC）作为座舱 SoC，将自研的完全自动驾驶（full self-driving，FSD）芯片作为高级驾驶辅助系统（advanced drive assist system，ADAS）SoC，并在 Linux 内核的基础上构建软件平台。

特斯拉的座舱软件平台中装配了其在 Linux 的基础上自主开发的名为"Tesla OS"的智能座舱操作系统，在开发过程中，特斯拉根据车辆的需求和功能对 DebianLinux 进行了相应的调整，并以自定义的方式进行了改良，以便确保该系统能够满足车辆的实际需求，助力车辆实现相应的功能。

除座舱软件平台外，Tesla OS 还涉及车辆控制系统和网络系统等多个相关系统，且特斯拉的座舱软件平台中还包含导航、娱乐、通信、驾驶辅助和车辆设置等自主开发的定制化应用程序，车辆驾驶员可以通过车载屏幕、语音控制和手机应用程序等对车辆中的定制化应用程序进行访问和操作。

Tesla OS 所采用的智能座舱操作系统为 Linux4.4 开源操作系统，该系统是一种支持 PyTorch 的深度学习编程框架，能够借助 Kafka 开源实时数据处理平台来为 ADAS 和车载信息娱乐系统（in-vehicle infotainment，IVI）等多种车载系统提供支持。

Linux 具有开源自由、内核紧凑高效等优势，既能够打破操作系统厂商的限制，也能够充分发挥各项硬件的性能，因此特斯拉将 Linux 操作系统作为车辆的智能座舱操作系统。

（2）Genivi

Genivi 联盟是互联汽车系统联盟（connected vehicle systems alliance，COVESA）的前身，主要由宝马、戴姆勒、飞利浦、英特尔、纳芙特、通用汽车、Bosch、Harman、WindRiver 等汽车制造商、汽车供应商和软件开发商组成，具有开源的特点。该联盟以开发和推广开放标准和技术为主要任务，大力推进汽车电子系统的开发和集成工作，并积极构建基于开放标准的汽车软件平台，助力汽车电子系统实现创新发展。

Genivi 的软件平台中具有 QT、DBus、BlueZ、WebKit、Systemd、GStreamer 等多种开源软件组件和工具，能够助力汽车智能座舱实现车载娱乐、通信、导航、驾驶辅助、车辆诊断和远程服务等诸多功能，同时还具备可支持相关开发人员工作的开发框架，能够为相关开发人员开发和部署汽车应用程序及服务提供方便。

（3）AGL

Tizen 是三星开发的一款基于 Linux 核心的开放源代码移动操作系统，能够装配在上网本、智能手表、智能手机、智能电视、平板电脑和 IVI 等多种设备中，而 AGL 可以看作经过修改的 Tizen。一般来说，Linux 基金会中的技术指导小组（technical steering group，TSG）是负责管理 AGL 的主要部门，Linux 基金会和 LiMo 基金会推出 AGL，主要是为了利用 AGL 代替 MeeGo 和 LiMo 平台发挥作用。

AGL 中的统一代码库（unified code base，UCB）是支撑其发挥自身优势的关键。具体来说，UCB 是一个以 AGL、Tizen 和 Genivi Alliance 为基础的第二代 Linux 汽车操作系统，其具备许多特定的汽车应用软件，能够处理智能座舱操作系统中的大部分工作任务。

就目前来看，AGL 应用通常位于车载信息娱乐系统（in-vehicle infotainment system，IVIS）中，且正在逐步向仪表领域和 ADAS 领域拓展，但由于这两个领域对操作系统的实时性有着较高的要求，因此 AGL 应用在仪表领域和 ADAS 领域的推广和发展难度较大。

## 2.2.3 QNX 操作系统

QNX 是一种能够在微型电子计算机上运行的类 UNIX 的操作系统，具有符合 POSIX 规范的特点，既能够直接运行在 Linux 中编写应用程序，也能够为智能座舱提供板级支持包（board support package，BSP）、实时操作系统（real-time operating system，RTOS）微内核、软件中间件和支撑应用的增强服务层等工具。

从发展历程上来看，QNX 的前身是成立于 1980 年的 Quantum Software Systems 公司，到 2004 年 10 月，QNX 被音箱设备制造商 Harman 国际工业公司所收购，2010 年 4 月，哈曼国际工业集团旗下的 QNX 软件公司被加拿大的 Research In Motion 公司收购，但就目前来看，QNX 早已成为汽车领域最大的操作系统供应商。

从市场份额上来看，根据佐思汽研的统计，2022 年中国智能汽车仪表 OS 市场，QNX 占据 71% 的份额，不仅如此，QNX 在整个车用市场中也具有极高的市场占有率。就目前来看，爱信、大陆、德尔福、通用电装、哈曼贝克等多个汽车电子平台均依托于 QNX，讴歌、奥迪、宝马、别克、道奇、福特、本田、悍马、现代、捷豹、三菱、尼桑、欧宝、吉普、萨博、土星、双龙、丰田、大众、雪佛兰、戴姆勒、蓝旗亚、马自达、马赛地、庞迪克、保时捷、菲亚特、凯迪拉克、克莱斯勒、通用汽车、英菲尼迪、迷你宝马、阿尔法 - 罗密欧等多个汽车品牌均采用了基于 QNX 技术的系统。

QNX 是全球首款通过 ISO 26262 ASIL-D 安全认证的实时操作系统，可见其安全实时的特点，所以它常被用在对稳定性和安全性要求较高的仪表总成中。此外，作为操作系统，它还具有嵌入式、非开源、微内核等优势，其内核内存在 30KB 以内，其余的协议栈、驱动及应用程序和文件系统都在内核之外运行，但处于内存保护空间内，这样既可以消除不必要的内核故障，又能够实现组件间的独立。

（1）微内核

QNX 是一种微内核结构操作系统，具有一个微内核 Neutrino，能够利用内核来完成中断处理、定时器处理、构建线程和调度线程等任务，同时还可以利用进程管理器来构建进程，并管理地址空间和内核空间。一般来说，内核空间中运行着内核，而用户空间中还有许多其他功能模块正在运行，QNX 可以对各项进程的文件系统、应用程序和资源管理器等进行保护，充分确保所有进程的内存安全。

QNX 的内核支持其进行实时抢占式调度，因此从本质上来看 QNX 是一种实时操作系统（real time operating system，RTOS）。

QNX 采用了基于优先级的虚拟中央处理器（central processing unit，CPU）共享模式，能够确保所有的虚拟 CPU 都具备属于自身的优先级和时间任务安排序列，并优先为高安全优先级的操作系统提供物理 CPU 资源，提高资源分配的合理性。一般来说，虚拟 CPU 可用于估计资源预算，为各项资源在物理 CPU 中进行自适应分区提供支持，从而最大限度提高各项相关硬件资源的利用率。

（2）半虚拟化

QNX Hypervisor 具有半虚拟化的特点，且能够通过半虚拟化来为各项硬件设备的虚拟化操作提供支持。具体来说，双内核虚拟机架构体系中包含 Android 虚拟机、QNX Host 虚拟机和 QNX 等多个组成部分，其中，Android 虚拟机可以得到由 VM2 提供的 Hypervisor，QNX Host 虚拟机可以得到由 VM1 提供的 Hypervisor，而 QNX 的 Hypervisor 则直接来源于 Hypervisor。

一般来说，对硬件资源进行虚拟化操作后，Android VM 可以采用以下两种方式来访问硬件资源：

① Front-Back End 服务方式。全虚拟化的硬件资源可能会对操作系统的性能产生影响，因此，QNX 采用了 Guest OS 与 Hypervisor 协作的半虚拟化技术，在符合 Virtio 标准的情况下，通过在 Android VM2 等 Guest OS 进行前端驱动，和在 Hypervisor 或 Host OS 中进行后端驱动的方式来实现输入 / 输出（input/output，I/O）设备虚拟化，并将后端驱动看作硬件的实际访问方。

② Pass-through 直接访问方式。Hypervisor 能够在未翻译地址和指令的情况下直接将各项硬件资源分配到虚拟机的 VM2 中，为 VM2 提供所需的硬件资源。具体来说，Hypervisor 可以通过 Pass-through 直接将串口资源和通用串行总线（universal serial bus，USB）资源等接口丰富度较高的资源分配到相应的虚拟机中。设备控制器的访问方式大多为内存映射 I/O（memory mapping I/O，MMIO），在设备控制器分配过程中，系统需要将控制器地址区域映射到虚拟机（virtual machine，VM）中，并借助设备硬件分配来进行中断，同时以直接穿透的方式确保 VM 实现对硬件的独占访问，进而确保性能达到最佳水平。

（3）功能安全

目前，QNX 已经通过了汽车安全完整性等级（automotive safety integrity level，ASIL）的认证，并确认为 ASIL-D 等级。由此可见，QNX 能够满足最高级别的汽车安全标准，具有安全性高、可靠性强等优势，且符合汽车电子系统的安全标准，能够在安全性和可靠性较高的环境中稳定运行，因此逐渐成为广泛应用于多种车型的一种操作系统。具体来说，QNX 的 ASIL-D 认证是一项以国际标准 ISO 26262 为基础的，与汽车电子系统开发相关的安全标准，主要涉及 QNX Neutrino 实时操作系统、QNX Momentics 开发工具和 QNX Hypervisor 虚拟化平台等产品。

作为一款内核小、运行快的微内核架构，QNX 系统不会轻易受到病毒破坏。不过 QNX 作为非开源系统，不仅开发难度大、商业收费高，应用生态也很脆弱，但当下智能座舱 OS 对安全稳定性和实时性要求较高，所以 QNX 系统的使用率仍然较高。

# 2.3　国内外主流车机操作系统

近年来，5G、物联网、云计算等新兴技术飞速发展，各行各业开始借助各类先进技术推进产品的智能化创新。汽车行业聚焦前沿技术，大力推动汽车向智能化、网联化发展，并借助融合了多种先进技术的智能网联汽车来满足消费者日渐多样化的出行需求，为消费者提供更加优质的服务。汽车厂商也纷纷顺应行业发展趋势，不断加快在智能网联汽车领域布局的步伐，并研发出了智能网联车机系统。

## 2.3.1　华为鸿蒙 4.0 车机系统

华为鸿蒙 4.0 车机系统发布于 2023 年 8 月 4 日。作为华为的当家智能终端操作系统，鸿蒙 4.0 也被用于华为智能座舱的搭建中。鸿蒙 4.0 在鸿蒙 OS 智能终端操作系统的基础上实现了多个方面的创新，为用户提供了更多选择。另外，鸿蒙 4.0 手机端能够与鸿蒙 4.0 车机系统相互配合，利用手机端的一些独特功能改善用户的驾驶体验。

（1）鸿蒙 4.0 车机系统：多屏多音区的新体验

鸿蒙 4.0 车机系统携带了一些创新性的功能，包括六音区声源定位、多人多屏多音区并发控制、舱内眼球位置追踪及眼部状态识别、多屏多通道双向流转、多屏跨设备投屏等。得益于华为超级终端的架设，鸿蒙座舱 4.0 在使用体验上与手机端相似，且能够实现多种设备之间的资源共享、无缝流转。

① 六音区声源定位。通过改变音箱阵列的摆放方式，实现声音信号播放的空间感和方位感，从而为用户提供立体的车载音效。用户可以主动调整音箱阵列，转换矩阵与声源的位置，改变最终合成的声音的方位。

② 多人多屏多音区并发控制。借助超级终端，用户可以在智能座舱中实现多屏协同控制，最多可以实现车辆前后五块屏幕的流畅协同。以五口之家为例，在驾驶员使用主屏导航的同时，副驾可以 K 歌，还不会影响到后排的孩子打游戏或学习。每个用户都可以在互不干扰的情况下使用自己的屏幕和音区。

③ 舱内眼球位置追踪及眼部状态识别。有精密摄像头和先进的算法帮助，鸿蒙 4.0 可以精确识别驾驶员的眼球位置及眼部状态。智能座舱可以识别驾驶员行驶过程中眼球的轨迹，据此实现驾驶员与空调、导航、娱乐系统等的交互。此外，从驾驶员的眼部信息还能分析出其是否处于疲劳驾驶状态，从而适时提醒驾驶员注意休息。

④ 多屏多通道双向流转。用户可以通过华为超级终端界面，将其他华为设备的界面流转到智慧座舱的屏幕上，或将车机画面流转到其他华为设备的屏幕上。多屏多通道的双向流转使得用户可以自由切换不同设备，无须重复打开应用或终止原进度，操作更加简便。

⑤ 多屏跨设备投屏。用户借助华为的超级终端界面，可以将其他设备如华为手机、平板、智慧屏等的画面投放到车机上，或者将车机画面投放到其他华为设备上。如此，用户可以在不同种类的设备上共享服务，如在手机上打开的视频可以在车载屏幕上观看，在车机上设置的导航则可以在手机上跟踪等。

（2）鸿蒙 OS 4.0 手机端：更简洁更高效

鸿蒙 OS 4.0 手机端作为华为的最新智能终端操作系统，为不同华为设备的互联与协同使用提供了统一的语言，提高了华为设备的智能化程度。鸿蒙 OS 4.0 增添了一些新的功能，手机端的设计也发生了明显的变动，主要体现在以下几个方面：

① 用户体验更加简洁。作为最新的华为智能终端操作系统，鸿蒙 OS 4.0 手机端的视觉风格得到了升级，交互方式也有了创新。新的界面更加简洁，便于操作，用户还可以自主设置卡片风格，改变桌面布局，更换头像，使得手机端更具个性。

② 使用效率更高。鸿蒙 OS 4.0 手机端的工作方式相比前几代更加智能，交互模式更加合理，因此用户可以更便捷地享受各项服务。例如，用户可以参考小艺建议服务，根据不同时间、地点、事项选择不同的服务；也可以随时唤出小艺语音助手，向系统传递需求；还可以利用 AI 隐私保护功能，在分享图片时隐藏自身信息，增强安全性。

③ 无缝联动更顺滑。鸿蒙 4.0 已经在手机端与车机系统之间实现了流畅联动，用户可以无缝享受手机和车机的不同功能，在多块屏幕与多个设备之间自由投屏。例如，在短暂停车时，用户可以在手机上打开视频应用，在车机上享受大屏效果；又比如行驶过程中，在车机上进行的导航可以在手机上随时调整。

## 2.3.2 比亚迪 DiLink 系统

电动汽车的快速发展和广泛应用是汽车智能化的前提。电动汽车以电力为主要能源，同时能够借助电力实现稳定运行和有效控制，可以通过连接互联网的方式来实现网联化，并在此基础上进一步融合各类智能技术实现智能化。

电池技术、电机技术、电控技术作为新能源汽车的核心技术，其研发均具有较高的难度，而比亚迪是我国唯一一家掌握这三大技术的车企。与其他企业相比，在技术水平、产品布局和商业运营等多个方面具有深厚的经验积累和明显的智能化创新优势，因此，比亚迪综合运用大数据、人工智能、车联网、移动互联等多种先进技术自主研发出 DiLink 系统，并将该系统装配到汉 EV、汉 DM、唐 DM-i 等多种车型中。不仅如此，比亚迪还为全新宋 MAX 装配了 DiLink 智能网联系统以及12.8 英寸（1 英寸 ≈2.54 厘米）、8 核的自适应旋转悬浮 Pad，大幅提高了车辆的科技感，充分满足了年轻一代车主对汽车的要求。

就目前来看，依托于安卓生态的 DiLink 系统的硬件是同类车机系统中最强的，同时装配了 DiLink 系统的车辆还具有十分强大的网联功能，能够随时随地满足驾乘人员的上网需求。与当前大多数采用横向中控屏的汽车相比，比亚迪的汽车大屏具有智能旋转功能，能够迅速分析软件的应用场景和交互方式，并根据分析结果自动转换成合适的方向，让车辆的驾乘人员可以随心选择使用横屏还是竖屏，充分满足驾乘人员的个性化需求。

现阶段，大多数常用手机应用软件不支持横屏使用，因此直接将手机生态应用到汽车中可能会出现横屏软件竖着看或竖屏软件横着看的情况，对用户来说，这种屏幕的使用感较差。比亚迪在汽车中装配的智能自动旋转大屏能够根据实际需求自动旋转，无论用户使用横屏软件还是竖屏软件，都能充分确保用户获得良好的使用感，以导航软件为例，屏幕会根据系统的提前预判及时旋转成能够为用户提供更加丰富的路线信息的竖屏状态。除此之外，比亚迪的智能自动旋转大屏还具有十分强大的兼容能力和应用下载能力，能够实现 100% 兼容手机，并支持 300 多万个应用下载，以视频软件为例，屏幕会根据系统的提前预判及时切换到视觉效果更好的横屏状态。

DiLink 系统具有智能语音交互功能，能够精准高效识别语音信息，并通过语音识别为用户提供视频播放、拨打电话、空调控制、行车记录、屏幕旋转、第三方 APP、多媒体设置和语音控制导航等多种智能化应用。具体来说，DiLink 系统中的智能语音导航系统不仅可以识别普通话，还能精准识别 8 种方言，且语音识别率能达到 99%。

DiLink 系统中融合了空中下载技术（over the air technology，OTA），能够实现实时的系统远程更新和整车远程更新。随着各类先进技术的深入应用，DiLink 系统的功能越来越强大，也越来越丰富，目前用户已经可以通过装配了 DiLink 系统的车辆体验到远程影像、汽车接收快递、透明全景影像等多种服务，进一步优化自身的用车体验。

不仅如此，比亚迪汽车中还具有智能云服务，能够实现远程寻车、车况检测、查找充电桩、授权启动车辆、远程开启空调等功能，为用户提供智能化的用车服务。除此之外，比亚迪汽车还融合了人工智能技术，可以集成并分析车辆信息、实时车况、用户信息、维保信息、来电记录等各项信息数据，并充分确保数据信息的准确性，进而为用户提供 i-Call 智慧客服、E-Call 紧急救援等咨询服务，进一步方便用户的用车生活。

与此同时，DiLink 系统还与超过 300 个传感器相连接，具备超过 60 项控制权，能够实现对温度、灯光、声音、空调和电量等车辆状态的智能化控制。不仅如此，DiLink 系统也能广泛采集智能导航数据、行车安全数据、底盘操控数据、健康生活数据等各项相关数据，帮助车主提高对车辆的掌控能力。除此之外，DiLink 系统还具有分屏使用多个 APP、语音控制、多重防护等功能，能够在为用户提供便捷的同时，充分确保数据安全。DiLink 系统中的开放平台还能够为车辆实现自动驾驶提供强有力的支持，未来，DiLink 系统将成为汽车中最强的智能大脑，在连接用户与车辆的同时，为用户提供更多智能化应用。

比亚迪打破了海外在汽车芯片领域的技术垄断，自主研发出在车规级领域具有标杆性意义的"IGBT 电动中国芯"，并将其广泛应用到电动汽车中。随着技术的快速发展，比亚迪第三代 DM 技术得到了进一步升级，相关软硬件的性能大大增强，车辆的动力性、安全性、经济性和平顺性大幅提高，应用比亚迪第三代 DM 技术的汽车也能够为用户提供更加优质的用车体验。截至目前，比亚迪是世界范围内唯一一家具有安卓系统和芯片开发两项授权的车企，因此，比亚迪可以综合运用安卓系统和芯片开发方面的技术手段，实现深度的应用开发和应用定制，开发并在汽车中装配智能钥匙、智能语音和网联行车记录仪等智能化应用，同时为各项应用的实时更新升级提供支持，达到优化用户体验的目的。

以比亚迪的智能自动旋转大屏为例，该大屏的中央处理器是八核、2.0GHz、64 位处理器，具有远超同级别车载系统的反应速度，能够充分确保所有软硬件设备高效稳定运行，即便用户开启一些对配置要求较高的游戏也能全效运行。

### 2.3.3 吉利 GKUI 吉客系统

吉利汽车在 Android 系统的基础上进行进一步优化、定制和开发，研究出了具备云平台、在线导航、在线音乐、车载通信、智能语音操作和连接智能穿戴设备等多种功能的 GKUI 吉客系统，该系统具有高度智能化和集成化的特点，能够为用户提供智能化服务。

生态互联是吉利汽车关注的重点内容，因此，其研发的 GKUI 吉客系统也具有生态互联的特点。具体来说，GKUI 吉客系统可以将手机生态融入汽车，利用一个群体身份（group identification，GID）账户，连接电商、社交、出行、支付等多个与人们的日常生活密不可分的平台，实现用户信息在各个搭载 GKUI 吉客系统的车辆中同步更新。

GKUI 吉客系统具有语音控制功能，能够接收用户的语音指令，控制中控系统中各项功能开关，并利用网络为用户提供资讯查询、路线导航、音乐播放控制等服务。对于语音助手，GKUI 吉客系统还具有更名和免唤醒控制功能，用户既可以按照自己的喜好为语音助手起名，也可以通过直接向语音助手表达自身需求的方式来为系统下达执行任务的指令。但 GKUI 吉客系统在语音识别方面也存在缺陷，由于语音识别系统的智能化程度较低，因此还无法精准分析用户意图，当用户表达自身需求的方式不够直接时，语音识别系统就会出现答非所问的情况。

从操作上来看，GKUI 吉客系统具有大量实体按键，用户可以通过手动控制的方式体验系统服务，操作难度较低，但与虚拟按键相比，实体按键的设计缺乏科技感、界面复杂、图标过多，因此为了提高操作的便捷程度，吉利汽车还需进一步优化操作界面的设计。

GKUI 吉客系统的互联功能主要包括自带的网络功能和手机 APP 远程控制。现阶段，GKUI 吉客系统在网络互联方面的功能还比较简单，只能为用户提供查询天气、语音阅读新闻等服务。在网络搜索方面，GKUI 吉客系统连接的网络较少，且无法利用浏览器上网，因此用户无法以语音输入的方式来上网检索信息；在音乐播放方面，GKUI 吉客系统中并未配备各大主流音乐软件，因此装配 GKUI 吉客系统的汽车在满足用户的听音乐需求的能力上落后于同级别的其他汽车。

综上所述，吉利汽车研发的 GKUI 吉客系统并不具备十分突出的优势和特点，在网络互联、屏幕设计等方面还存在许多不足之处。未来，吉利汽车需要进一步强化各项功能，提高 GKUI 吉客系统的网络互联能力，为用户上网提供方便。同时也要优化屏幕设计，提高功能的丰富程度，尤其是要增添各项娱乐功能，满足年轻一代在社交、娱乐、出游等场景中对汽车功能的要求。

## 2.3.4　特斯拉车载操作系统

随着数字经济的发展，智能汽车与电器已经在社会生活中占据了至关重要的地位。智能设备的功能日益先进，算力需求也就随之不断提高，在此背景下，芯片越来越成为各种设备与系统的核心。在智能汽车领域，芯片是汽车企业进行市场竞争的关键所在。特斯拉是一家在市面上处于领先地位的电动汽车厂商，其智能座舱性能良好、功能多样、系统先进，值得参考。

（1）特斯拉的操作系统硬核配置

特斯拉的操作系统采用的是独特的 AMD Ryzen 芯片，相较现有的 Intel 处理器，AMD Ryzen 的主要优点在于核心性能，CPU 性能是前者的 4 倍，GPU 则是前者的 8 倍。也就是说，特斯拉的车机性能比使用 Intel 处理器的电脑更加优秀。此外，AMD Ryzen 处理器芯片拥有四核八线程的 CPU 和独立 GPU，使用 12nm 工艺，算力集中，综合控制能力出色。且 AMD Ryzen 的图形渲染与处理效果比较突出，因此车机提供的导航地图较为清晰，屏幕分辨率也比较高，刷新率较高，操作也因此比较流畅。AMD Ryzen 在处理复杂数据时更加游刃有余，其庞大的算力支撑起了特斯拉座舱的高度智能化。

特斯拉使用的是 X86 架构的 AMD 芯片和 Linux 系统，在众多汽车厂商中独树一帜。这一组合比大多数厂商的 ARM 架构芯片和安卓系统有更强的协同工作能力，这意味着特斯拉的芯片与车机系统能够更好地耦合，性能更加卓越，功能更加多样。这一优势离不开特斯拉强大的自主研发能力，特斯拉自主研发的芯片与对应方案更符合自身特点，能够不断提升座舱系统的各项性能。

特斯拉的车载系统能够实现十万亿次每秒的浮点运算，比市面上广泛使用的高通8155更加先进，CPU性能是后者的2倍，GPU性能是后者的1.5倍，约等于一台索尼PS5。接近台式计算机的算力应用到车机系统中，带来智能座舱性能上的全面领先，也带给用户顶级的驾驶体验。

在软件上，特斯拉的应用生态系统同样具有特色。特斯拉在软件方面的主要亮点就是OTA升级。借助OTA，特斯拉可以通过无线通信方式为车辆的电池电控、车机、底盘、悬架、方向盘进行升级，逐步为车机系统带来新功能。特斯拉的软件中还包括各种游戏，能够在安全驾驶之余为用户带来丰富的娱乐活动。

（2）特斯拉智能座舱的优势和用户体验

用户体验是特斯拉的智能座舱的一大优势所在。特斯拉操作系统的强大性能使得用户可以流畅地使用导航、播放影音、进行游戏等，过硬的性能让多线程操作的用户得到的反馈也十分良好，方便用户在控制多个应用时自由切换与操作。

特斯拉的操作系统还配备了智能语音功能，用户可以通过声音控制车机系统，使驾驶更安全；同时，座舱中也装有大尺寸触控屏，可以识别多种手势，为用户提供更多选择，既可以解放双手安心驾驶，又可以触屏操作参与车内话题。

另外，特斯拉的智能座舱与汽车的其他部分有着充分的联动，如自动驾驶系统与车辆健康检测系统。用户在智能座舱中可以随时获取其他系统的信息，明确车辆的状态，决定是否使用其他系统的各项功能。

最后，特斯拉的操作系统与用户的手机也是连通的，用户可以通过移动端的特斯拉APP控制车辆的部分功能，并随时获取车辆的信息。此外，用户还可以在移动端为车辆预约充电桩或调节车内温度等，比较人性化。

综上所述，特斯拉的操作系统无论是从配置还是各种功能的设计上，都为用户提供了优质的驾驶体验，用户在智能座舱中可以轻松使用各种功能，其智能化与人性化的细节值得其他厂商借鉴。在未来，特斯拉在智能座舱方面的成果还将持续引领智能汽车产业的发展。

# 2.4 智能汽车虚拟化关键技术

## 2.4.1 虚拟化技术的基本概念

随着信息和通信技术的发展，智能汽车的芯片算力不断提高，可以承担更多业务，同时在网络带宽拓展及其低时延、区分服务等特质的加持下，汽车的业务部署与功能分配更加灵活，可分可合，甚至汽车可以软件定义。汽车 EEA（electrical/electronic architecture，电子电气架构）由分布式到域集中式，再到中央集中式的转变，分散的电子控制单元功能不断集成，从域控制器到车载中央计算机，其所体现的便是多域融合。

智能网联汽车时代，车辆的电子底层需要强大的算力支持，此时单一芯片所提供的简单逻辑计算已无法满足要求，需要更为复杂的多核 SoC（system on chip，即片上系统）芯片来为其提供更加复杂的控制逻辑计算。

多域业务需要得到多种技术的支持，譬如辅助驾驶和仪表盘对实时性、可靠性要求较高，操作系统会选择 RT-Linux、RTOS；智驾域要求强大的算力来融合感知与推演规划，同时也对实时性与可靠性有较高要求，选择操作系统时也会倾向于RT-Linux、RTOS；座舱域强调交互体验与多样化的应用生态，与之匹配度较高的系统是 Android。

当多域需要进行融合时，首先应该保证关键业务的使用不受影响，其次还需要兼顾整个应用生态的和谐兼容。因此，就需要借助资源隔离技术，使得资源能够被合理分配，多个系统的运行并行不悖。资源隔离技术包含硬件隔离、虚拟化隔离、容器隔离、进程隔离等多种。

● 硬件隔离的隔离性最好，单隔离域的性能与安全可靠性最佳，不过其可配置性和灵活性较差，不能做到硬件共享，这样就会造成整个系统的资源利用率低，难以达成软件定义汽车的目标。

● 虚拟化隔离是众多资源隔离技术中较为可靠安全、灵活弹性的优选方案，是可以支撑软件定义汽车的一项重要技术，其典型的应用场景如图 2-6 所示。

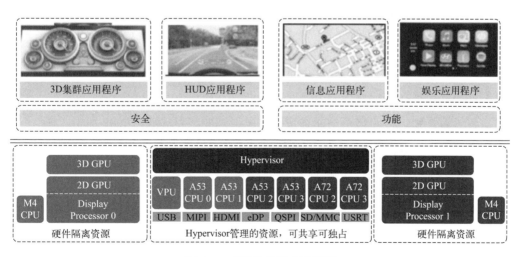

图 2-6　虚拟化典型应用场景

● 容器隔离与进程隔离能够更轻量级地做到业务隔离，不过在同一个系统内势必会存在资源互相干扰与安全攻击的隐患，而且这类业务隔离不能够进行异构操作系统业务域融合，将会对传统业务的继承产生负面影响，阻碍生态发展。

Hypervisor 即虚拟机监控程序（virtual machine monitor，VMM），也可直译为超级监督者。Hypervisor 在系统中位于 SoC 硬件平台之上，主要负责将 CPU、内存、网络适配器以及外设等实体资源转化为虚拟资源，而后按需分配给各虚拟机，准许其对已授权的虚拟资源进行独立访问。Hypervisor 既能够让应用程序共享 CPU 等物理硬件，还可以借助不同的内核环境和驱动运行，真正达成硬件资源的整合与隔离，满足汽车领域多元化应用场景的需求。虚拟化在系统中的位置如图 2-7 所示。

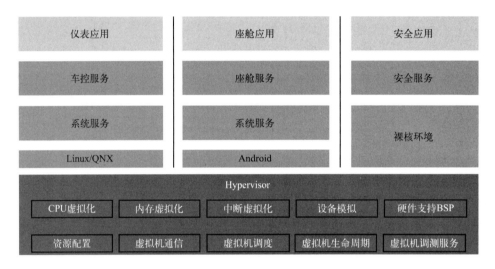

图 2-7　虚拟化在系统中的位置

Hypervisor 在汽车领域的主要任务如下：

① CPU 虚拟化。为虚拟机提供虚拟中央处理器资源与运行环境。

② 内存虚拟化。为自身和虚拟机分配、管理硬件内存资源。

③ 中断虚拟化。如有中断、异常情况发生，按需将其交给虚拟机处理。

④ 设备模拟。按照需求创建虚拟硬件组件，使其能够被虚拟机访问。

⑤ 硬件支持 BSP。提供串口驱动等板级支持包以供 Hypervisor 在 SoC 上的运行。

⑥ 资源配置。配置、管理虚拟机的内存、CPU 以及外设等资源。

⑦ 虚拟机通信。为虚拟机提供进程间通信，共享内存等通信机制。

⑧ 虚拟机调度。为虚拟机提供调度算法，如优先级、时间片等。

⑨ 虚拟机生命周期。创建、启动以及停止虚拟机。

⑩ 虚拟机调测服务。为虚拟机提供控制台、日志等调试功能。

Hypervisor 在汽车领域将面对以下挑战：

① 安全可靠。汽车领域与互联网领域不同，互联联网领域注重 Hypervisor 的资源动态分配与闲置利用，而汽车领域则更加注重其安全性、可靠性与实时性。

② 轻量高效。Hypervisor 虽然能够灵活地进行软件定义，但这也造成了其软件栈层次增多，必然会有性能损耗。受成本敏感特点的影响，汽车领域对于降低外设性能损耗的需求较高，且在整车项目中始终存在，所以 Hypervisor 的轻量与高效是极为关键的。

③ 便捷适配。汽车领域的芯片类型丰富多样，而异构是嵌入式虚拟化的主要特点，所以 Hypervisor 须做到迅速适配各种上层操作系统与底层软件。

## 2.4.2　CPU 虚拟化技术

通常情况下，车载高性能处理器采用的都是多核 CPU 架构，在这样的对称多处理的架构下，Hypervisor 会按照 CPU 的亲和性配置，使客户机操作系统运行于指定的 CPU 之上，同时，虚拟机的操作系统可根据自身的调度方式来完成任务调度。

Hypervisor 允许多个虚拟机对同一个 CPU 共享使用，以此来达成系统资源利用的最大化。在共享使用的过程中，Hypervisor 会根据时间区分方式或者优先级来调度虚拟机，以保证虚拟机的调度策略与运行时间的确切。值得注意的是，Hypervisor 的调度算法要保证分区内的虚拟机不可出现死循环或故障，因为一旦出现这种问题，便会造成对处理器资源的长时间占用，这样势必会造成其他虚拟机无法获得足够时间配额的问题。

此外，节能降耗也是虚拟机调度应着重考虑的问题，要争取做到工作负载高时提升主频，来为用户提供更好的使用体验，反之则应自动降频节能，以提高自身的续航能力。为了节能降耗，车载高性能处理器特别设计了大小核架构，这就需要 CPU 及其之上运行的操作系统能够支持大小核调度，实现动态调频、低功耗设置、关闭 CPU 核以及休眠等节能降耗功能。此外，Hypervisor 的调度算法也需要支持虚拟机的节能降耗，因为在系统虚拟化后，CPU 等物理资源要依靠 Hypervisor 方能对系统进行访问。

## 2.4.3　I/O 设备虚拟化

嵌入式领域受性能影响通常会选择使用半虚拟化技术，该技术需要客户机操作系统的前端驱动和 Hypervisor 的后端驱动相配合方能实现。其大概流程为前端驱动把客户机操作系统中的请求经由 Hypervisor 发送给后端驱动，后端驱动会调用物理驱动达成对设备的访问。以上过程中，客户机操作系统与 Hypervisor 都是由不同厂商提供的，这就涉及二者之间的生态对接问题。

作为当前外设半虚拟化解决的主流方案，Virtio 使得虚拟机可以凭借标准化方式访问外部设备。Virtio 是 OASIS（organization for the advancement of structured information standards，结构化信息标准促进组织）管理的开放协议和接口，于 2016 年正式标准化，2020 年发布 V1.1 版本。该标准选用通用和标准化的抽象模型，能够支持设备类型的增加，性能极佳，开源活跃度高，已在云计算领域得到广泛应用。目前，绝大多数商业以及开源 Hypervisor 都已经支持 Virtio 标准。

Virtio 也受到了车载行业的青睐，依靠其实现半虚拟化技术，如图 2-8 所示。结合图示来看，在客户机操作系统内部虚拟一条设备总线 virtio_bus，经由 virtio ring 双向通信机制实现前端驱动与后端虚拟设备间的访问与通信。Virtio 提供了包含 virtio_net、virtio_blk、virtio_console 以及 virtio_input 在内的全面 Virtio 总线与设备控制接口。

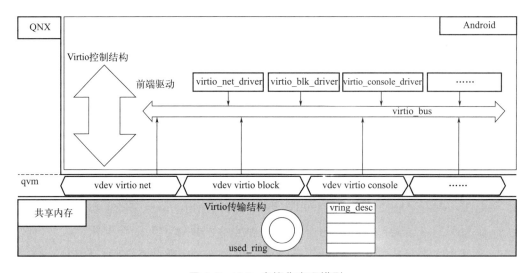

图 2-8　Virtio 虚拟化实现模型

① 利用 virtio_net 技术实现跨系统通信。virtio_net 可以实现多个系统间的点对点通信，客户机操作系统内部的 virtio_net_driver 依靠虚拟队列与 Hypervisor 所在系统的 virtio_net 设备进行通信，这种全双工通信能够达成多个系统间的指令与数据交互，且具有较好的稳定性，适用于音频、视频流之外的数据传输。不过，由于受到虚拟队列复杂控制逻辑的影响，其实时性较差。

② 利用 virtio_blk 技术实现块设备共享。作为存储设备，块设备主要通过缓存

机制进行读写，由 Hypervisor 所在的操作系统负责对其进行管理。其中 virtio_blk_driver 是块设备前端驱动，vdev virtio block 为后端虚拟块设备。virtio_blk_driver 负责读写物理块设备，同时获取执行结果。

③ 利用 virtio 技术实现触摸共享。virtio_input_driver、vdev input 可以支持前端驱动与后端设备，适合用于触摸设备这种字符型设备。设备端会经由虚拟队列向驱动上报触摸坐标数据。

## 2.4.4　实时虚拟化技术

对于嵌入式实时操作系统而言，实时性这一性能指标是极为关键的，Hypervisor 的实时性对于整个系统来讲十分重要，一旦其出现问题，Hypervisor 就不能够及时调度客户机操作系统的运行，造成客户机操作系统也无法达到良好的实时性指标。

如何来判断 Hypervisor 实时性的好坏呢？有两项重要的衡量指标：调度延迟与中断延迟。调度延迟指高优先级虚拟机进程就绪到调度运行结束，在系统各种压力情况下最长的延迟时间；中断延迟指硬件发生中断时间开始到虚拟机得到 Hypervisor 注入的中断时刻为止，在各种压力下最长的延迟时间。

中断虚拟化之后，当外界发生中断时，Hypervisor 收到后会用最快的速度注入虚拟机，最大程度上减少 Hypervisor 处理虚拟机中断的时间。此外，Hypervisor 还会尽可能地减少虚拟机的切换时间，以优化 Hypervisor 的关中断及关抢占的时间。除此之外，在高优先级虚拟机切换运行时，能够以最快速度完成切换。

## 2.4.5　安全和可靠性技术

对于车辆控制操作系统产品来说，功能安全、信息安全以及可靠性是确保系统安全稳定运行的必要组成部分。Hypervisor 为自动驾驶汽车提供了基础的运行环境，整个系统具有较强的安全可靠性。

Hypervisor 的功能安全需求依靠域控制器产品的安全需求分解产生，其需要以汽车功能安全 ISO 26262 ASIL-D 为标准进行设计、开发与测试。通常情况下，会有很多个虚拟机运行在 Hypervisor 之上，不过某个虚拟机的异常不会传递给其他的虚拟机。Hypervisor 是可以感知到目前系统的整体健康状态的，一旦获取到虚拟机发生异常的情况，Hypervisor 便会实时监控系统的健康状态，对故障进行隔离，同时会在最小波及范围内对异常进行修复，以保证系统的持续可用性。

Hypervisor 加入汽车软件栈会造成向上软件栈层次的增加，同时也会造成横向上软件复杂度的增加。汽车领域对于安全可靠性的要求是高于已有的云侧虚拟化与边缘虚拟化的，所以近年来汽车行业对于虚拟化安全性的关注度一直很高。汽车领域的虚拟化安全性主要涉及以下几个方面：

① 虚拟机逃逸。这是一个特别需要引起重视的虚拟机安全问题，其主要指的是通过攻击虚拟机中的软件或可能存在的漏洞，控制虚拟机，将其操作系统作为宿主，从中获取资源。

② 虚拟机间的攻击。利用虚拟机管理程序中的漏洞，恶意入侵者可以由同一物理主机上存在的另一个虚拟机来获得对目标虚拟机的控制，由此进行恶意破坏。

③ 虚拟机与虚拟机管理器间的信任链问题。选取安全可靠的物理平台，通过虚拟化技术在该平台上创建多个虚拟机，并把构建好的信任链传送至各虚拟机，由此在一个可信物理平台上构建多个虚拟的可信计算平台，不过在这一过程中有些解决方案缺少虚拟管理器到虚拟机间的信任链验证。

为进一步确保 Hypervisor 的安全性，针对其建立了相关的安全性目标，具体内容如表 2-3 所示。

表2-3 Hypervisor的安全目标及要求

| 安全目标 | 要求 |
| --- | --- |
| 隔离性 | vCPU 调度隔离安全、内存隔离、网络隔离、存储隔离 |
| Hypervisor 完整性 | 为了实现整体系统完整性，建立并维护 Hypervisor 组件的完整性 |
| 平台完整性 | Hypervisor 的完整性取决于它所依赖的硬件和软件的完整性，需要利用加密芯片（如 TPM）等硬件和固件机制来保护和检测底层平台的完整性。如果平台完整性受到损害，Hypervisor 和客户机将无法运行 |
| Audit | 支持安全审计功能，可捕获和保护系统上发生的事件 |

若想提升 Hypervisor 的安全性能力，可以从以下三个方面进行考虑。

① 建立安全边界。如图 2-9 所示，为 Hypervisor 建立安全边界可以有效防御侧向通道信息泄露、拒绝服务以及特权提升等一系列攻击，但要保证边界的保密性、完整性以及可用性，该边界应由 Hypervisor 严格定义并且实施。其中保密性可以利用传统的密码学方法来达成；完整性可由可信度量机制来保障，该机制能够达成不同虚拟环境的可信互通，检测机制动态度量实体的行为，进而来发现与排除预期之外的相互干扰。

此外，安全边界还具备存储、计算资源、网络流量、虚拟设备以及其他所有虚拟机资源的隔离能力，这种隔离机制可以将实体与运行空间分开。整体虚拟化安全架构如图 2-10 所示。

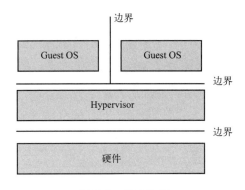

图 2-9  安全边界

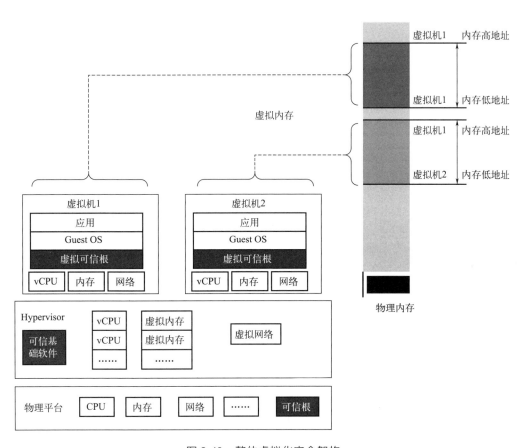

图 2-10  整体虚拟化安全架构

② 建立深度防御漏洞的缓解机制。Hypervisor 针对安全边界存在的漏洞需要采取相关的技术手段进行主动防御，通常采用的技术手段有控制流保护、数据损坏保护、数据执行保护、任意代码保护以及地址空间布局随机化等。

③ 建立强大的安全保障流程。云计算场景的一项关键技术——虚拟化技术在

过去十多年的生产实践中，积累了许多安全范式，汽车场景可以对这些珍贵经验进行借鉴。不过值得注意的是，汽车场景的虚拟化技术与云场景相比，具有其自身的特殊性，例如 Hypervisor 对功能安全等级的要求，以及无须动态迁移等，其安全性手段仍需在未来的实践中逐步丰富与完善。

## 2.4.6　虚拟化技术的发展趋势

（1）云边端虚拟化关键技术差异化

20 世纪 60 年代，IBM（International Business Machines Corporation，国际商用机器公司）将计算机硬件虚拟分割为一个或多个虚拟机，用来支持多个用户同时交互访问大型计算机，虚拟机监视器软件就此问世，这是最初的虚拟化技术。到了 21 世纪，作为底层支撑技术的云虚拟化在通用服务器和云计算的加持下迅速迭代演进，之后算力由云、边、端逐渐下沉，边缘虚拟化、端侧嵌入式虚拟化随之而来，其典型架构及关键技术需求如图 2-11 所示。

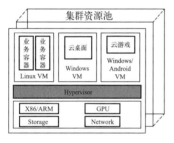

| 云侧虚拟化 | 边侧虚拟化 | 端侧虚拟化 |
| --- | --- | --- |
| ➤ 芯片同构、服务器集群 | ➤ 软硬解耦、软件定义 | ➤ 芯片异构、单芯片场景化多功能集成 |
| ➤ 吞吐能力优先(多业务并发) | ➤ 多功能节点按需部署、弹性组网 | ➤ 高安全、单节点高可靠 |
| ➤ 集群负载均衡、节能降耗 | ➤ 主备冗余、高可用 | ➤ 实时性、确定性 |
| ➤ 业务无中断迁移、检查点恢复 | ➤ 5G业务端到端实时性 | |
| ➤ 弹性扩展、超分配 | | |

图 2-11　云、边、端虚拟化典型架构及关键技术需求

① 云侧虚拟化。云侧虚拟化的特点是与硬件平台基本同构，由众多节点构成集群，优先考虑架构的吞吐能力，支持同时进行多项业务。其需要在进行跨节点虚拟机调配的过程中确保不发生业务的中断，以满足集群负载均衡、节能降耗的资源调度策略。当虚拟机发生故障时，云侧虚拟化技术需确保由检查点排除故障，降低业务损失。为便提升数据中心的运营收入，虚拟机不仅要能超分配，还要支持存储空间、网络、CPU 算力以及外设等能力的弹性扩展。

② 边侧虚拟化。边侧虚拟化采取通用 ICT（information and communications

technology，信息通信技术）架构，能够实现多项业务的动态部署，主要用于一些特定业务的边缘节点上。该技术的主要特点是以行业的管理部署平台和硬件平台为基础，实现软硬解耦与软件定义，采用多功能节点按需部署、弹性组网，涉及 5G 业务时，要考虑端到端的实时性，同时也要考虑虚拟机、Hypervisor 以及通信协议栈等。

③ 端侧虚拟化。端侧虚拟化的主要特点是与硬件平台异构，其芯片架构与处理能力都有较大差异。通常为单芯片方案，不涉及各类迁移，所以对安全可靠要求较高，具有 ASIL（automotive safety integrity level，汽车安全完整性等级）等级要求，对于实时性与确定性有着更强的要求。由于端侧资源有限且成本敏感，故要求 Hypervisor 轻量高效。

（2）虚拟化模型趋势

Hypervisor 分为两类：一类是裸机型，即 Type1，这类 Hypervisor 直接运行于硬件设备上，也可称为裸机虚拟化环境；另一类是主机托管型，即 Type2，也可称为主机虚拟化环境。两种类型的分层架构如图 2-12 所示。

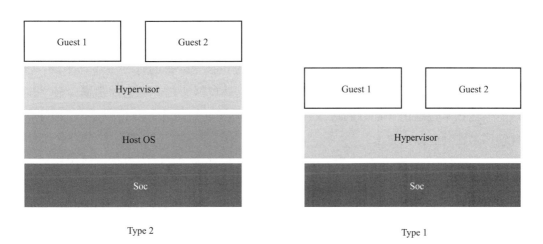

图 2-12　Type1 和 Typer2 型 Hypervisor

结合图 2-12 可以看出，Type1 型的 Hypervisor 自身具有操作系统的基本功能，无须主机来帮忙，可以直接运行在硬件上，设计简洁、架构精简，对于内存与存储资源的要求较低，能够满足智能网联汽车相关系统功能安全的等级要求，且符合相关形式化的验证条件。因此汽车系统比较适合该类型的 Hypervisor。

Type2 型的 Hypervisor 与硬件间存在宿主操作系统，其需要依靠该操作系统来对 CPU、内存以及网络等资源进行管理，这就难免会出现延迟以及性能损耗的问题，与此同时，宿主操作系统的安全隐患与稳定性问题均会对虚拟机产生不利影响。因此该类型的 Hypervisor 比较适合个人 PC 系统这种对于性能与安全要求较低的场合。

目前，微内核操作系统技术发展较快，这使得以其为基础完成设计的宿主操作系统不断精简化，只包含固定的基本功能，例如 CPU 的调度与内存管理，设备驱动和其他可变组件位于内核外，不过，此类 Hypervisor 如何进行归类，目前业内还没有达成共识。简言之，微内核 Hypervisor 更小、更加稳定、扩展性也更佳，更适合用于嵌入式虚拟化场合。

（3）Hypervisor 与虚拟机协作技术路线

① 全虚拟化。最早期的虚拟化是通过软件来虚拟硬件设备，以供客户机操作系统使用，其优势是客户机操作系统不会感知到外部真实的硬件环境，不需要进行改动。也就是说彼时的虚拟化是利用软件来模拟拥有完备硬件系统功能，且运行于隔离环境中的计算机系统。但是客户机操作系统每次访问时，全虚拟化硬件都会陷到 Hypervisor 里，这就造成该方式的硬件性能较低，通常只能用来模拟简单的硬件。其模拟的方式有两种，一种是在 Hypervisor 中进行直接模拟，另一种是将请求传输到其他虚拟机中完成模拟。

② 硬件辅助虚拟化。最初的硬件辅助虚拟化技术支持多个客户机操作系统访问，由硬件直接提供共享功能，可以降低软件虚拟技术带来的延时与性能损耗。随着 ARM（advanced RISC machine，精简指令集处理器架构）算力的提高，硬件辅助虚拟化技术逐渐由移动端向边缘、云算力中心发展，同时 ARM 也在不断加强自身硬件来辅助虚拟化技术。

③ 半虚拟化。半虚拟化是客户机操作系统与 Hypervisor 协作来完成工作的一项技术，适用于硬件辅助虚拟化技术未完善、较薄弱的发展阶段，也可用于一些复杂外设的共享复用，以避免全虚拟化的性能问题。半虚拟化技术通常用于外设设备虚拟化，选取前后端的方法来达成外设设备的虚拟化，通过客户机操作系统完成前端驱动，通过 Hypervisor 或用户操作系统完成后端驱动，其中后端驱动被视为对硬件进行实际访问的一方。客户机操作系统中，前端驱动主要通过 Virtqueue（虚拟队列）等通信机制来与后端驱动完成通信，由前端驱动到后端驱动，再到硬件驱动，客户机操作系统的请求通过一系列传递后得到处理，最终处理结果会再传回前端驱动。

与全虚拟化技术相比，半虚拟化技术实现的硬件性能更好一些，而且可以支持网卡、块设备以及显示设备等较为复杂的硬件，如图 2-13 所示。

资源分配 Hypervisor 能够把硬件资源直接分配给虚拟机中的客户机操作系统使

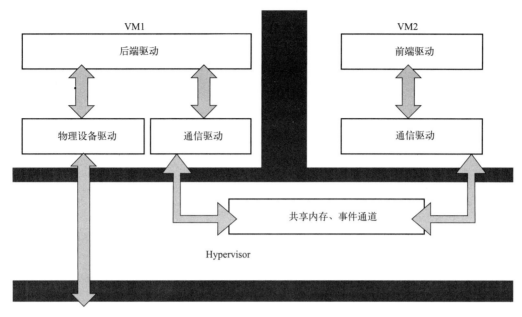

图 2-13 半虚拟化

用，比如 USB、串口等接口较多的资源可直接分给某个虚拟机来使用。在这个过程中只需要把控制器地址区域映射到虚拟机就能够分配设备控制器，与此同时，还要分配一个虚拟中断到该虚拟机来与硬件中断对应。

第3章

智能座舱平视
显示系统

# 3.1 HUD 的功能、作用与分类

## 3.1.1 HUD 的主要功能与作用

驾乘人员借助感官与各种内饰和车内零部件发生交互，如座椅、空调、方向盘、车机，以及一般被称为 HUD 的平视显示器（head up display）等，它们都是座舱的组成部分。对这些内饰和零部件进行整合，正是"智能座舱域"的工作。此外，高性能的系统级芯片（SoC）是一个非常关键的工具，智能座舱域借助它完成多个系统的运行，比如娱乐系统、信息服务系统、各种仪表等，从而使得"一芯多屏"成为可能。智能座舱域的主要构成如图 3-1 所示。

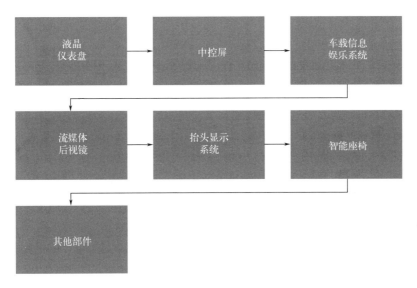

图 3-1 智能座舱域的主要构成

智能座舱域架构包含多种技术，其中 HUD 系统是比较有代表性的。HUD 最早不是应用于汽车上，而是一种飞行辅助仪器。飞行员在飞行中要保持平视前方的状态，以随时关注外部环境变化，然而他们有时又需要低头来查看重要信息，HUD 正是针对这样的情况设计的，它使得飞行员不低头也能接收信息。

在汽车驾驶中，当驾驶员为了查看仪表和显示屏幕而中止平视状态，将视线转向别处时，发生交通事故的概率相较于正常行驶状态将大大增加。由此，汽车驾驶对 HUD 系统同样有着很迫切的需要，汽车配备 HUD 系统也变得越来越常见。如图 3-2 所示，在车辆运行过程中，HUD 系统能够将重要信息实时呈现于目标视野内。

图 3-2　汽车上的 HUD

这样一来，在获取行车信息时驾驶员不必低头，不必中止对前方路况的关注，这就有效降低了事故发生的概率。此外，HUD 会将图像投射在车辆的正前方位置，使驾驶员可以在更短的时间内完成对目视焦距的调整，由此行车的安全性大大提高，驾驶体验也得到了优化。

（1）智能座舱 HUD 的功能

HUD 的应用能够在一定程度上降低驾驶员对各项车辆驾驶相关信息的认知难度，为驾驶员感知当前行驶提供帮助。一般来说，HUD 可以显示车辆信息和外界信息两大类驾驶员驾驶车辆所需的行驶信息。

① 车辆信息。车辆信息大多需要通过车载总线来获取，能够在一定程度上展现出车辆状态，通常涉及四类信息，如表 3-1 所示。

表3-1　HUD车辆信息显示

| 车辆信息 | 具体内容 |
| --- | --- |
| 核心信息 | 车速、转速、油量和里程等显示在传统仪表中的信息 |
| 提示信息 | 挡位、雾灯、转向灯、远光灯、瞬时油耗和车内温度等车辆行驶过程中需要显示的信息 |
| 报警信息 | 胎压、燃油不足、电量不足、车门状态、驻车状态、安全气囊状态、请求驾驶员接管、机油剩余量和玻璃清洗液存量等信息 |
| 附加信息 | 四驱模式、转向模式、驾驶模式、座椅状态、底盘状态和天窗开启状态等专属于部分车型的特色功能信息 |

② 外界信息。HUD 不仅能够采集本车状态信息，还能够通过网络与外界进行

信息交互，并获取以下几类外界信息，如表 3-2 所示。

表3-2　HUD外界信息显示

| 外界信息 | 具体内容 |
| --- | --- |
| 出行信息 | 定位、导航、地图、行人检测、障碍物检测和车道保持辅助等信息 |
| 安全信息 | 超速预警、车距信息提示、前车碰撞预警、道路安全预警、交通信号灯提示和远程故障诊断信息等来源于智能驾驶系统的实时交通信息，能够为驾驶员驾驶汽车提供辅助，提高行车的安全性 |
| 生活信息 | 保养信息、代驾预订、交通违章信息和停车场车位信息等来源于车联网的相关信息 |
| 智能办公信息 | 微信、电话、邮件、语音、视频会议和文档处理等信息 |
| 娱乐信息 | 音乐音量控制、音乐播放控制、电台播放控制、电台音量控制、影音媒体播放控制等 |

（2）智能座舱 HUD 的作用

① 提升驾驶安全性。驾驶员在驾驶车辆时，既要留意道路情况，也要关注仪表中所呈现的各项信息，极易出现视觉疲劳和注意力分散等问题。一般来说，驾驶员需要低头 5°～ 10°来查看 HUD 上的信息，低头 20°～ 25°来查看组合仪表上的信息，但当驾驶员的视线偏离路面时，车辆仍旧会在道路上继续行驶，因此驾驶员驾车过程中存在着较大的交通安全隐患。

HUD 技术的应用能够直接将各项行驶信息呈现在驾驶员眼前，让驾驶员无须移开视线就能够掌握 HUD 上的各项信息。

② 提升人机交互体验。HUD 的应用既能够提高车况、智能驾驶等信息显示的高效性，也能提供更好的导航显示效果，推动车辆导航从二维导航向实景导航快速发展，进而有效优化车辆驾乘人员的人机交互体验。

当前市面上能看到三类车载平视显示系统，分别为直接反射式（combiner HUD，C-HUD）、挡风玻璃式（windshield HUD，W-HUD）与增强现实型（augmented reality，AR-HUD）。C-HUD 的结构类似于飞机上的 HUD，通过置于驾驶员眼前的透明树脂玻璃接收投影信息。W-HUD 和 AR-HUD 的显示屏幕为挡风玻璃，在这两类 HUD 系统中，HUD 作为整车的一部分而存在，装于仪表台下。挡风玻璃因车型而异，因此，这两类以挡风玻璃为显示屏幕的 HUD 需针对具体车型专门设计。

## 3.1.2　直接反射式（C-HUD）

下面首先对直接反射式平视显示系统（C-HUD）进行简单介绍。

　　C-HUD 可以将位于汽车仪表上方和仪表板顶部的半透明树脂板作为投影介质，并根据成像条件对其进行特殊处理，优化显示效果，防止出现重影等问题，以便以反射的方式将各项信息呈现到车辆驾驶员面前。就目前来看，C-HUD 在后装市场中发挥着十分重要的作用。C-HUD 如图 3-3 所示。

图 3-3　C-HUD 显示器

　　C-HUD 存在着许多局限性，这是由其相对于车身结构的独立性造成的，因为当驾驶员驾乘车辆时，其平视状态对应的视野范围是有限的，与此对应，C-HUD 的投影距离和显示区域相对较小，这自然极大限制了显示内容的数量。对于人眼来说，置于汽车仪表台上的 C-HUD 所处位置比较低，仪表和外部景物分别处于驾驶员视野中的不同位置，不便于驾驶员同时获得来自这两方面的信息。

　　此外，物体放置在仪表台上本身也有一定的隐患，在发生交通事故时物体可能会掉落，威胁到驾驶员的安全。可见，C-HUD 本身存在着诸多弊端和局限，已经不适用于驾驶的需要，汽车厂商逐渐抛弃了独立于车身结构的 HUD 系统，转而选择作为整车一部分的 W-HUD 和 AR-HUD。

### 3.1.3　挡风玻璃式（W-HUD）

　　W-HUD 把行车信息投影到挡风玻璃上。内外两层玻璃和处于中间的 PVB 夹层是挡风玻璃的组成部分，两层玻璃的厚度和折射率有所差异，因此在接收投影信息时会出现重影情况。解决重影问题对于 W-HUD 来说非常重要，对系统的使用体验有着很大的影响。

相比于 C-HUD 中放置于仪表台上的透明树脂玻璃，W-HUD 使用的挡风玻璃无疑是一种更好的投影介质，在视场的大小和投影显示面积上都有明显的优势，有着 7～12in（1in≈25.4mm）的投影显示尺寸和 2.5m 的投影距离。搭载于大众凌度 L 上的 W-HUD 系统如图 3-4 所示。

图 3-4　大众凌度 L 搭载的 W-HUD 显示系统

W-HUD 具有基于曲面反射镜放大成像、基于全息光波导放大成像和基于全息光学元件（holographic optical elements，HOE）放大成像等多条技术路线，且在前装市场中发挥着重要作用，但同时 W-HUD 也存在许多不足之处，具体来说，由于汽车的挡风玻璃大多为曲面反射镜，W-HUD 所应用的曲面反射镜需要与挡风玻璃的尺寸和曲率相符，且在尺寸和曲率等方面对精度的要求较高，因此 W-HUD 的成本也较高。

## 3.1.4　增强现实式（AR-HUD）

AR-HUD 是智能驾驶和智能座舱解决方案中不可或缺的一部分，且具有良好的整体显示效果和较强的性能，但由于尺寸较大，现阶段的 AR-HUD 技术的成熟度较低，因此尚未广泛应用到各类车型当中。

AR-HUD 可以利用前挡风玻璃来反射成像，同时还具备成像区域大、投射距离远、成像生动性强等优势。具体来说，AR-HUD 要先利用摄像头和雷达等传感器设备来采集前方路况信息，并根据这些构建相应的模型，获取对象的位置、距离和尺寸等各项相关要素，再将 HUD 中的信息投射到前挡风玻璃上，同时确保信息投射位置的精准度。不仅如此，AR-HUD 还可以进一步融合投射信息和交通环境，助力车辆实现车道线贴合、车道偏离预警、前方障碍物 / 危险物贴合等功能。

　　AR-HUD 与 W-HUD 都以影像源（picture generation unit，PGU）为基础，采用光学路线，将图像投射在汽车挡风玻璃上，这是两者在硬件选用上相合的地方。但 AR-HUD 在 AR 算法和软件平台上更加强大，因此它能够拓展更加广阔的视野，向驾驶员展现更加丰富的外部环境信息，让其感受到自己已融入到实景中。奔驰 S 级搭载的 AR-HUD 显示系统如图 3-5 所示。

图 3-5　奔驰 S 级搭载的 AR-HUD 显示系统

　　7°～ 10° 的视场角，10m 的虚像距离，这是目前 AR-HUD 的常规参数。从安全性上考虑，此参数仍有提升的空间和必要，虚像距离为 15m 可以避免失焦，驾驶员可以多得到 1s 以上的反应时间。在不同的视场角（FOV）和目视识别（VID）下，AR-HUD 的功能有所差异。当 FOV 为 10°，VID 为 10m 内时，AR-HUD 的功能是比较有限的，此时它仅能显示仪表盘信息，实现导航，并对辅助驾驶发出预警，投影的覆盖范围局限于车头前方位置。AR-HUD 要想实现对三个车道的覆盖，则需 FOV 为 20°，同时，VID 达到 15m 以上，如图 3-6 所示。

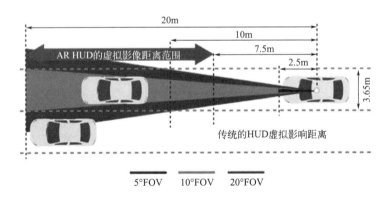

图 3-6　传统 HUD 与 AR-HUD 投射视场角和距离对比

大众 MEB 平台的 ID 系列纯电动汽车搭载的 AR-HUD 包含两个部分，AR 层是 AR-HUD 特有的，标识层是 HUD 传统的组成部分。

● 指示 / 标识层：车速、交通标志、导航等并不包含与实景有关的信息，它们会显示在前挡风玻璃上供驾驶员查看。

● AR 层：运用增强现实功能，根据前车、路口等实景的实时变化，对所显示图像的位置与大小做出调整，相比于 W-HUD，AR-HUD 能够使驾驶员更加直观和高效地获得更加丰富的交互信息。

对比三种 HUD 系统，大致可以得到以下结论。C-HUD 在原理上较为陈旧，渐渐地已不再被采用；W-HUD 的技术复杂程度更高，使用效果也要明显好于 C-HUD，在当前的市场中占据主导地位；AR-HUD 基于 AR 技术，有着更加可观的投影范围和显示内容，其当前的应用还不是特别广泛，但无疑将是 HUD 的终极方案。下面将三类 HUD 的性能对比用表格的方式呈现出来，如表 3-3 所示。

表3-3 三种HUD性能对比

| HUD 类型 | 优点 | 缺点 |
| --- | --- | --- |
| C-HUD | 采用半透明树脂板作为显示介质，安装便利；安装价格低 | 成像区域小、显示信息少；投影质量差，存在镜片和玻璃色差；以配件的形式加装在车辆上，发生事故时容易对驾驶员造成二次伤害 |
| W-HUD | 较 C-HUD 显示范围更大，投影距离更远；无色差，图像更明亮清晰；投影内容多，包括车况、车速、部分 ADAS 信息 | 光学结构复杂，维修成本大幅增加；制造成本偏高；夜间行车干扰行车视线，带来安全隐患 |
| AR-HUD | 投影范围最大，可投影于整个前挡风玻璃；投影内容多，信息量大，质量高；图形生成器技术先进，是智能驾驶与 AR 技术的完美融合 | 虽有部分应用，但应用效果不是 AR-HUD 的终极形态；需要强大的算法支撑，量产成本高；受限于技术和成本，暂时无法大规模量产使用 |

# 3.2 HUD 结构原理与应用场景

## 3.2.1 HUD 结构及工作原理

投影单元和挡风玻璃这两个关键部件是 HUD 系统的主要组成部分。上节已提到，挡风玻璃是显示投影的介质。投影单元集成了多种设备，包括投影仪、平面和自由曲面反射镜、调节电机、控制单元。连接到车辆数据总线的控制单元负责收集车辆、道路、导航等方面的信息，通过投影仪将图像投射出去。

HUD 采用的是这样的原理：投影仪（PGU）将图像源投射出去，TFT 或 DLP 投影显示屏是投影仪的常用选项；图像要先后借助两个反射镜的反射到达挡风玻璃，分别是"平面反射镜"和旋转的"自由曲面反射镜"。在查看 HUD 显示的图像信息时，驾驶员可以保持平视状态，此时他看到的是悬浮于前方的虚拟影像。关于 HUD 系统的投射结构原理，如图 3-7 所示。

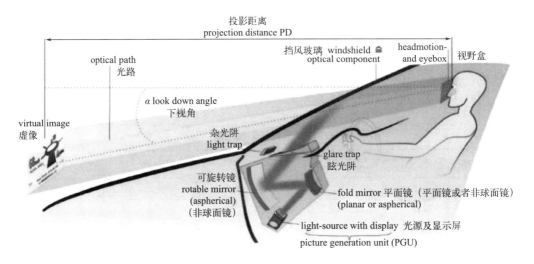

图 3-7　HUD 系统投射结构原理图

传统 LCD 投影、MEMS 激光投影、DLP 投影和 LCOS 投影，这些是投影单元采用的技术，其中前三种技术已经积累了数量较多的专利，技术的成熟度也达到了较高的水平。

① 传统 LCD 投影技术。借助反射原理，使光源角度发生改变，使得液晶屏上的内容得以显示在挡风玻璃上。不过，借助该技术，内容在投射至挡风玻璃后，其清晰度和分辨率均会下降，可能影响驾驶员的阅读体验。

② MEMS 激光投影技术。这一技术采用的光源是在功率上比较出色的红、绿、蓝（三基色）激光器。激光器内部分布有光学元件和处理芯片，它们对激光进行整合与扫描，并最终将其投射在显示屏上。较大的色域空间、较高的色饱和度、较高的分辨率是该技术的优势所在。

③ DLP 投影技术。该技术在成像时采用的是数字微镜装置，图像的投射则借助反射光的调节来完成。DLP 投影技术的投影有着较高的亮度和分辨率，成像也较为逼真。此外，DLP 投影技术具备温升控制功能，因此与 LCD 投影技术相比，它

在 AR-HUD 的体系设计中具备优越性。

④ LCOS 投影技术。新型反射式 Micro LCD 投影技术，是对 LCOS 硅基液晶技术的定位，它是一种微型矩阵液晶显示技术，以反射模式作为技术基座，在基片的选用上，它选择的是涂有液晶硅 CMOS 集成电路芯片，像素尺寸以微米计。

LCOS 的数据容量是四种技术中最大的。LCOS 投影在亮度、分辨率、对比度上表现得更为出色，且相较于 DLP 投影技术，它的信息显示有着更高的灵活度和便利性，这些是 LCOS 的优势。

以上四种投影技术各有各的优势和缺点，如表 3-4 所示。

表3-4 四种投影技术比较

| 投影技术 | 优点 | 缺点 |
| --- | --- | --- |
| 传统 LCD 投影 | 技术最成熟；<br>成本较低，易量产 | 视野有限；<br>分辨率较低；<br>存在散热问题 |
| MEMS 激光投影 | 亮度高、色域广；<br>成像面积较大 | 技术成熟度较低；<br>激光二极管的工作温度无法满足车规级要求 |
| DLP 投影 | 技术较为成熟；<br>亮度、对比度较高；<br>散热效果好 | 成本较高；<br>易出现图像对位、重影、失真等问题 |
| LCOS 投影 | 亮度、分辨率、对比度优越；<br>光学效率高 | 技术成熟度低；<br>成本很高，难以量产 |

HUD 的图像传输需要经过一条路径，在这条路径上，汽车前挡风玻璃是比较关键的一环。普通的前挡风玻璃分为内外两层表面，图像经过这两层表面形成两次反射，因此人眼会看到一个主像和一个副像，这就是重影现象。

普通前挡风玻璃本身具有一定缺陷，为了避免重影，使得呈现给人的图像更加清晰，就需要对其进行一番特殊处理。两层挡风玻璃之间是 PVB（聚乙烯醇缩丁醛酯）膜，如果 PVB 呈现上厚下薄的楔形，主像和副像就将实现重叠，这样一来重影现象便消失了。这样的设计方案能有效提升图像的清晰度，因此在 W-HUD 前挡风玻璃的设计中占据主流地位。

上面提到前挡风玻璃的 PVB 膜片要设计成楔形，楔形角的计算要参考多个方面，包括显示单元和成像单元的布置、前挡风玻璃的角度以及眼椭圆的位置，因此，PVB 膜片是一种专用产品，需要与具体的车型相适配。

为了改善用户的使用体验，提升车辆驾乘的舒适性和安全性，HUD 显示的图像首先应该准确，而不能有翻转、变形、偏移等问题，而且应尽可能清晰，便于驾驶员读取。而这就需要前挡风玻璃的工艺达到比较高的水准，比如形面一致性和精度均应该比较理想。实际上，目前相关的压制成形工艺也已经能够达到这一标准。

## 3.2.2　HUD 与 ADAS 融合控制

高级驾驶辅助系统（ADAS）作为智能座舱域的一部分，是不可或缺的。在 ADAS 中，传感器将数据收集起来交给汽车，行车过程中会产生许多实时信息，系统根据信息进行运算与分析，基于模型预判接下来可能发生的情况，有效地避免意外，保障行车安全。ADAS 根据功能划分有以下三类。

①　主动控制类。即通过主动对车辆进行控制来保证行车安全的系统，比如在车辆行驶过程中，与车辆巡航、车道保持、紧急制动等相关的 ADAS 系统。

②　预警类。此类系统一般不会主动控制车辆，而是向驾驶员发送预警，提示驾驶员做出相应操作，以防止发生危险，比如提醒驾驶员防止车辆碰撞、躲避行人、避免疲劳驾驶、防止偏离车道的 ADAS 系统。

③　辅助类。与上述两类系统不同，这类系统着重于提高驾驶员驾驶过程的舒适性，包括盲点监测（BSD）、自适应远光（ADB）、夜视（NV）、泊车辅助（PA）、全景泊车（SVC）、注意力检测（DMS）、平视显示（HUD）、交通标志识别（TSR）、行人检测（PDS）等。

传感器是 ADAS 系统的重要组成部分，其大致可分为以下三类。

①　环境感知类。毫米波雷达、超声波雷达、摄像头、红外传感器、光传感器等都属于环境感知类传感器。在行车过程中，周边环境存在着各种环境要素，包括道路、行人、障碍物、交通标志等，这类传感器负责感知这些环境要素。

②　驾驶意图感知类。这类传感器能够实时获得驾驶员的操作信息，基于此类信息便可以分析驾驶员的操作意图，比如能够获得转向盘、制动踏板、加速踏板等信息的传感器均是驾驶意图感知类传感器。

③　车辆状态传感器。这类传感器能够实时获取车辆姿态信息，比如车速传感器、轮速传感器、车身高度传感器等都属于车辆状态传感器。

HUD 作为 ADAS 系统的一种，在车辆运行的过程中，其也能够实时获得与运行相关的各种信息，比如导航地图、车速数据等，并根据驾驶员的需要进行呈现。如图 3-8 所示，AR-HUD 系统功能实现需要多个步骤，首先要借助前视摄像头观察前方路况，通过解析建模获得车辆、行人等对象的基本信息，包括对象本身的尺寸、其所处的位置、与本车的距离等，之后要把需由 HUD 显示的信息准确地投射到相应的显示区域。要想完成这些工作，ADAS 强大算力的支持是必不可少的。

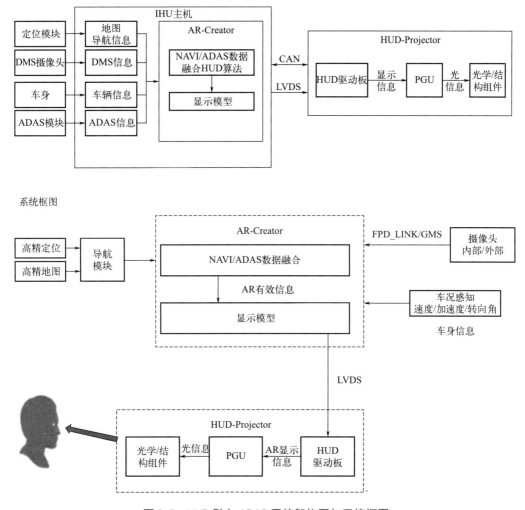

图 3-8 HUD 融入 ADAS 系统架构图与系统框图

域控制技术的应用为 ADAS 提供了转型的契机。ADAS 本身是一种单一技术，而如今它开始向整合式主动安全系统的方向发展。多项技术之间可实现平台共用，例如不同的 ADAS 系统可以共用传感器和控制系统，进行数据共享，如此不仅能够保证数据的高度一致，而且可以有效降低所需成本。

## 3.2.3 HUD 技术的应用场景

原先 HUD 系统只搭载在高档轿车和跑车等高端车型上，显示的内容也比较有限，主要包括油量、温度、里程、车速等。之后，HUD 系统持续取得进步，同时，车辆不断地朝着智能化的方向迈进，HUD 系统显示的信息越来越多样化，包括了导航、预警、驾驶辅助、生态系统服务等信息。

（1）车速显示

车速信息显示对于 HUD 来说是最基本的，城市道路上几乎处处有限速，驾驶员需要对当前行驶速度有确切把握，如图 3-9 所示。

图 3-9    限速与车速显示

（2）导航信息显示

目前 W-HUD 和 AR-HUD 都可以显示导航信息。其中，W-HUD 系统显示的内容比较简单，主要是基础导航信息，如图 3-10 所示。而 AR-HUD 则能实现更丰富的功能，可根据实际行车路线引入导航地图，在路线比较复杂的地方可以提供更加精确的导航，及时准确地提示驾驶员进行转弯操作，如图 3-11 所示。

图 3-10    W-HUD 系统导航指示

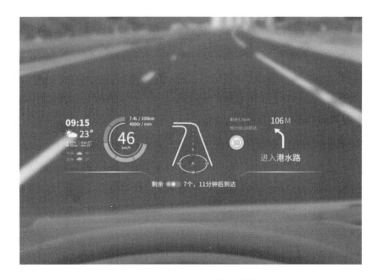

图 3-11　AR-HUD 系统导航指示

（3）预警信息显示

通过预警信息显示，HUD 系统提示驾驶员注意行人和障碍物，提高驾驶的安全性。以奥迪的红外夜视系统为例来说明，这一系统可以识别物体和行人，并对行人进行特别标注，对驾驶员做出有效提示，如图 3-12 所示。

图 3-12　奥迪夜视系统信息显示

（4）驾驶辅助信息显示

驾驶辅助信息包括主动车道保持、前车距离、自适应巡航等，都可以由 AR-HUD 显示。如图 3-13 所示，AR 投影可以将实时交通状态融入进显示信息，实现更强大的驾驶辅助功能。

图 3-13    HUD 系统驾驶辅助信息显示

（5）车辆生态服务信息显示

车辆生态服务信息就是有关周边生活服务场所的信息，这类信息的显示是通过定位服务（location based services，LBS）实现的，如图 3-14 所示。

图 3-14    HUD 系统生态服务信息显示

# 3.3    HUD 显示系统的关键技术

## 3.3.1    零件安装技术

HUD 系统中有一些较为关键的技术，主要有系统零件布置、玻璃成形、眼盒范围调整、环境光影响等。

HUD系统显示单元一般置于仪表台区域，具体位置是驾驶人这一侧，如图
3-15所示。

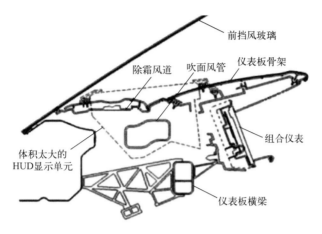

图 3-15 仪表台驾驶侧区域布置

在仪表台这一区域分布着众多的零部件，包括仪表台的骨架与横梁、除霜风道
和除霜格栅、吹面风管、线束、组合仪表等，这片区域的特点决定了在布置HUD
时需进行多方考虑。仪表台驾驶区域用来布置零部件的空间并不是很大，因此，为
了给其他零件留出空间，HUD显示单元的体积越小越好，这样也是为了保证吹面
和除霜感模式之间的转换能顺利进行。除了体积之外，HUD显示单元的重量也是
以轻为宜，这是由对仪表台整体刚度和模态性能的要求决定的。此外，在安装显示
单元时，要选择合理的安装点，以保证设备不会随车辆的运行而晃动。

## 3.3.2 玻璃成形技术

玻璃成形技术主要涉及成形工艺、楔形角控制方法和楔形角检测手段等内容。
在智能网联汽车领域，玻璃成形技术主要应用在抬头显示系统（HUD），同时也是
当前这一领域的相关研究人员亟须攻克的一项技术。

普通前挡风玻璃大多采用重力成形工艺，这一工艺具有模具复杂度低、工艺窗
口大、生产效率高等诸多优势，每次能够成形两片玻璃，是生产前挡风玻璃的主要
技术手段。从工艺流程上来看，重力成形工艺要先加热玻璃原片，直至达到熔融状
态，再借助玻璃的重力实现弯曲成形，同时也要对温度进行控制，以便最终将玻璃
片弯曲成设计的曲面。重力成形的模具中没有腔形控制成形曲面，导致形面偏差较
大，且可能会出现因一致性不足造成的图像旋转、弯曲、偏移等问题，因此难以满
足HUD系统在形面精度方面的要求。

具体来说，图像缺陷与汽车挡风玻璃的制造关系如图 3-16 所示。

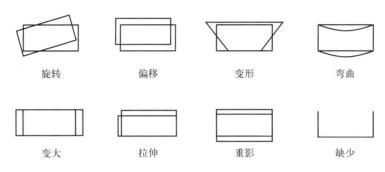

图 3-16　图像缺陷与汽车挡风玻璃的制造关系

为了确保 HUD 系统能够清晰显示各项图像信息，相关工作人员应使用压制成形工艺来提高玻璃形面控制精度。由于压制成形工艺所使用的模具的型腔与玻璃曲面相符，采用这种方式生产的玻璃具有形面精度高、形面一致性高等优势。

一般来说，HUD 区域的玻璃形面的精度要求偏差达到 ±1.0mm，压制成形的玻璃形面的偏差刚好为 ±1.0mm，且玻璃形面的一致性也能控制在 0.3mm/100mm，由此可见，压制成形工艺能够满足 HUD 玻璃在形面精度方面的要求。

压制成形工艺一次可成形的玻璃仅有一片，这不仅会影响生产效率，也无法充分保证前后两片前挡风夹层玻璃在形面上的一致性。一般来说，当前后两片玻璃的形面差别较大时，合片过程中可能会出现裂片、形面超差等问题，因此，若形面一致性问题得不到解决，将难以生产出可用的前挡风玻璃。在生产前挡风夹层玻璃的过程中，工人要找出两片形面一致性较高的前挡风夹层玻璃，并将其进行配对。

前挡风玻璃的 PVB❶ 膜的楔形角是影响 HUD 成像情况的重要因素。一般来说，PVB 膜的楔形角通常为 0.023°～0.040°，当两片玻璃的楔形角差别较大时，前挡风玻璃合片环节可能会出现角度超差问题，进而导致生产出的玻璃无法正常使用。为了确保前挡风玻璃的可用性，相关厂家在生产过程中，必须利用红外线检测仪全方位检测玻璃各处的厚度，并通过连线计算的方式，计算出玻璃的楔形角度，防止存在角度超差问题的玻璃流入合片等环节。

从前挡风玻璃的检测方面来看，生产厂家要利用红外线检测仪等精密的激光检测仪器来获取玻璃的楔形角度等数据信息，并利用成像检查设备来对 HUD 的前挡风玻璃进行成像检测，确保图像符合成像要求，同时也要保证成像区域的检测密度。

---

❶ PVB：聚乙烯醇缩丁醛酯，具有良好的柔性和挠曲性，制得的薄膜可用于制作安全玻璃的夹层材料。

### 3.3.3 眼盒与视线追踪

HUD 系统正常发挥作用时，要求人眼、HUD 设备、道路需保持三点一线的状态，受驾驶员的身材、坐姿等因素的影响，人眼的位置会极不稳定。当驾驶员静止在驾驶座上时，他的眼睛会分布在某个地方，通过统计多个驾驶员眼睛分布的位置，得出一个分布范围，这个范围就是"眼盒"（eyebox）。以 AR-HUD 的设计作为示例来说明，只要驾驶员的眼睛没有超出眼盒的范围，就能看到完整的 HUD 投影图像，反之则不能。需要指出的是，眼盒的范围是一个二维平面，只包括垂直方向和左右方向，不包括前后方向。

图 3-17（a）和图 3-17（b）分别为上下移动和左右移动时，驾驶员可以看到的虚像范围。由图 3-17 可见，视野范围在上下左右任一方向上大幅偏移都会使该方向上的图像出现缺失。虚像范围会随着眼盒范围的增大而增大，这样一来，驾驶员在行车时不会受限于眼盒范围。

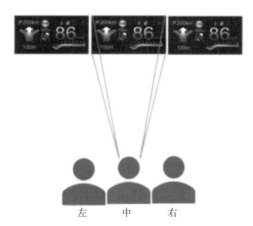

(a) 驾驶者在眼盒内部左右移动示意图

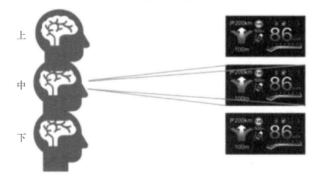

(b) 驾驶者在眼盒内部上下移动示意图

图 3-17　人眼处于眼盒不同位置处虚像显示示意图

好的 HUD 设计可以确定合适的眼盒大小和位置。为了使显示效果处于良好水平，可以借助眼动追踪＋图像位置进行实时自动调节，下面两个技术方案采取的就是这样的方式。

在设计 HUD 时，要保证可视范围足够大，这样无论位置怎么变动，单只眼睛都能获得完整而清晰的虚像。在 10m 的投影状态下，眼盒水平方向上的尺寸一般为 130mm，竖直方向上的尺寸则为 50mm，眼盒这一矩形区域的大小为 130mm×50mm。眼盒设置示意图如图 3-18 所示。

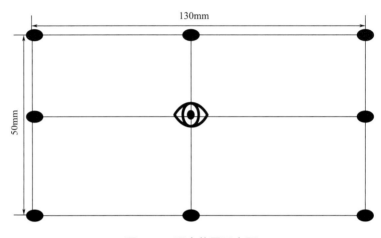

图 3-18　眼盒位置示意图

智能座舱的 HUD 系统应该具有一定的调节能力，可以根据眼盒的位置与虚像的位置自动进行调节。如图 3-19 所示，当 HUD 系统进行调节时，第一步需要输入车辆的相关数据，比如仪表板横梁、前风挡玻璃的具体信息等；第二步是逆向建模、系统优化，这要用到光学分析软件；第三步是计算眼盒在水平和垂直两个方向上的矫正因子；第四步是反转大镜片的位置，转换眼盒信息；最后一步是将经过眼盒矫正因子处理而得到的投射虚像显示出来，如图 3-20 所示。

在车辆的实际运行过程中，当车速、道路的颠簸状态等发生变化时，驾驶员眼睛聚焦的范围必然会发生改变，而传统的 HUD 系统的设置就会导致画面不够立体，缺乏纵深，如果驾驶员观看画面的时间太长，视线就会变得模糊，有时候还可能出现眩晕的状况，因此，这样的设计结构有待改进。AR-HUD 应分别在不同的深度投射虚像，近景信息和远景信息要显示在不同焦面上。近景信息包括时速和里程等基本信息，远景信息则主要是丰富度更高的增强现实信息，比如驾驶辅助信息。在视觉中，真实物体与 HUD 虚拟影像的融合可以通过远近景的结合来实现。借助两块 PGU，双焦面 AR-HUD 建立起两套光路，它们彼此独立且拥有不同的物距，由

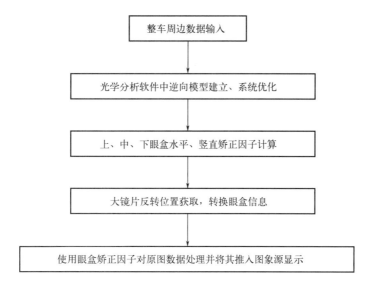

图 3-19　HUD 系统投射虚像与眼盒位置自适应调整流程图

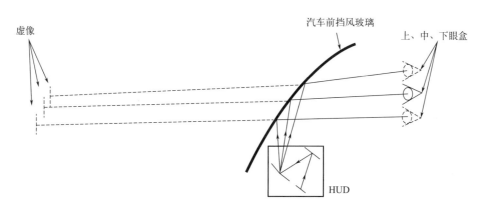

图 3-20　虚像自适应眼盒位置调整示意图

此达到了双焦面显示效果。

双焦面 AR-HUD 反射成像单元内部光路结构示意如图 3-21 所示。从图中可见，双焦面 AR-HUD 有两块像源，即 PGU1 与 PGU2，M1 为自由曲面反射主镜，M2 为平面镜。PGU1 与 PGU2 发出的光源有着不同的路径，来自 PGU1 的光源直接由 M1 反射到挡风玻璃上，来自 PGU2 的光线在接收 M1 反射前要经过 M2，如此光路发生了折叠，物距变得更大，相较于 PGU1，PGU2 投射的虚像距离眼睛更远，画面尺寸也更大。

### 3.3.4　显示亮度与调节

车辆的运行环境是复杂多变的，但就光线来说，阴天和晴天、白天和夜晚的光

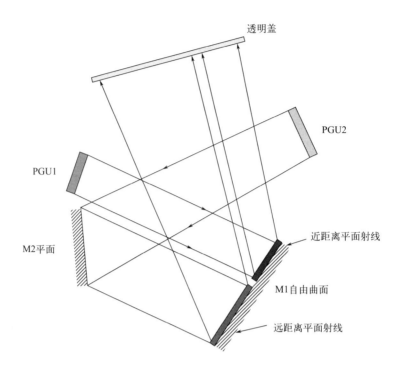

图 3-21    双焦面 AR-HUD 内部光路结构示意图

线均会有比较大的差别。因此，HUD 的虚像亮度要在一个比较大的范围内实现动态调节，以保证驾驶员在一天中的任何时候都能看到清晰的虚像。

挡风玻璃的透过率通常为 80% 左右，则 15000cd/m² 的环境亮度对于驾驶员来说即是 12000cd/m²，1.2 的虚像对比度值可以使人眼比较清晰地对图像做出分辨，那么将 HUD 虚像取这一虚像对比度值，可以得到汽车 HUD 的虚像亮度。源图像亮度的计算要综合考虑多个条件，包括在光路中损失的图像亮度、两块反射镜和挡风玻璃的反射效率等。

在白天和晚上，汽车 HUD 对源图像亮度的要求有着极大差异，源图像要做到大范围动态调节，这意味着源图像显示技术将面临不小的挑战。为了满足亮度动态调节方面的要求，研发者赋予 HUD 以自适应调光功能，同时出于增加反射光的目的在前挡风玻璃上镀膜。以雷克萨斯品牌汽车为例，其通常采用的 HUD 显示亮度调整有自动和手动两种。

（1）自动亮度调节功能

设置于车辆内部的亮度控制传感器可以实时获取相应的环境亮度信息，依据环境亮度，抬头显示装置会自动切换亮度，使亮度与各种情况相适宜。如果环境亮度比 70lx（黄昏）更低，以前照灯的点亮或熄灭为参照，变光控制会发生变化，如图 3-22 所示。

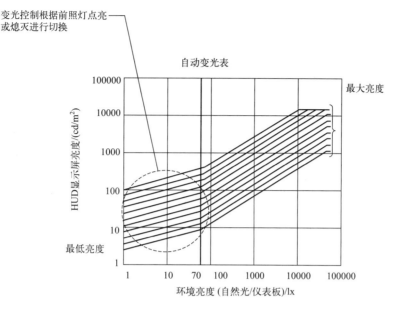

图 3-22 雷克萨斯自动控制抬显亮度

（2）手动亮度调节功能

驾驶员也可以根据需要手动调节亮度，可借助操作组合仪表总成显示屏，以及方向盘装饰盖开关来完成，如图 3-23 所示。

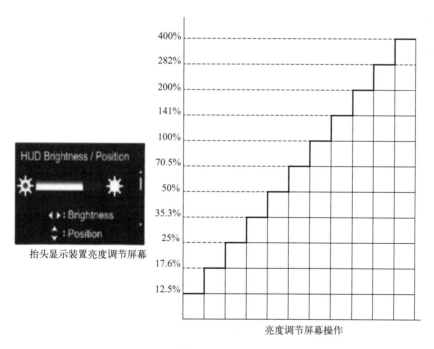

图 3-23 雷克萨斯手动控制抬头显示亮度

# 3.4　AR-HUD 技术架构与界面设计

## 3.4.1　AR-HUD 原理与系统架构

近年来，增强现实（augmented reality，AR）和抬头显示（HUD）技术快速发展，AR 与 HUD 的结合体 AR-HUD 技术的使用体验也得到了进一步提升，AR-HUD 逐渐成为汽车电子领域的重点关注内容。就目前来看，大众 ID.3/ID.4 和奥迪 Q4 都应用了 AR-HUD，与此同时，各个汽车厂商也正在规划将 AR-HUD 应用到其他车型中，力图借助 AR-HUD 来丰富和强化汽车性能。

（1）AR-HUD 技术起源

AR-HUD 主要涉及 AR 和 HUD 两项技术手段，具体来说，AR 能够集成物理世界中的信息和虚拟世界中的信息，将物理世界中的事物呈现在虚拟世界中，并通过屏幕进行展示。HUD 在第二次世界大战前曾应用在枪械瞄具和战斗机瞄具中，后来逐渐被应用到战斗机中。随着技术的不断进步，头盔显示器（head mounted displays，HMDS）逐渐取代 HUD，在战斗机中发挥作用。就目前来看，HUD 可以在位于驾驶员前方的挡风玻璃上显示出时速、导航等行车信息，为驾驶员直接接收各项驾驶信息提供方便。

AR-HUD 是一个融合了 AR 技术和 HUD 光学投影系统的光电系统，且具有精密度高的特点，能够整合各项来源于高级驾驶辅助系统（ADAS）的行车信息，并与高精度地图协同作用，对物理世界的画面和数字图像进行叠加，借助科学合理的人机界面（human machine interface，HMI）设计，在前挡风玻璃上投射各项行车信息，进而打造出 HUD 所投射的信息与物理世界中的驾驶环境互相融合的效果。

下面对 W-HUD 与 AR-HUD 技术性能进行简单比较，如表 3-5 所示。

表3-5　W-HUD与AR-HUD技术性能比较

| 对比项 | W-HUD | AR-HUD |
|---|---|---|
| VID | 2.5m 左右 | 7.5m 以上 |
| FOV | 约 6°×2° | > 10°×3° |
| 画面尺度 | 10in 左右 | > 50in |
| 体积 | 可以做到 3L 左右 | 10L 左右甚至更大 |

在 HUD 技术发展初期，HUD 的应用存在成本高、显示效果差等不足之处，因此应用范围较小，随着 HUD 技术的不断进步，HUD 与 AR 的融合日渐紧密。到 2020 年，奔驰 S 级发布了能够融合虚拟信息和道路实景，并以图像的形式进行呈现的 AR-HUD，进一步提高了智能汽车的智能化程度。就目前来看，奔驰、奥迪、大众、长城等车企已经将 AR-HUD 应用到多种车型中，HUD 在整个汽车领域市场中的关注度也大幅上升。

AR 在汽车领域的应用促进了导航信息和实际路面信息的融合，提高了导航信息显示的直观性和可理解性。与此同时，AD-HUD 与 ADAS 的协同作用也能够为车辆驾驶员提供实时的路况预告信息和道路危险警示信息，从而进一步保障车辆驾驶安全。

（2）AR-HUD 的系统架构

就目前来看，AR-HUD 大多是具有采集智能驾驶域和智能座舱域中的地图导航信息和环境感知信息功能的独立模块。

① 地图导航信息。目的地信息、相对车辆坐标、导航剩余距离信息、导航剩余时间信息、导航箭头形式信息、路线指引曲线方程、前方路面与车辆相对倾角等信息。

② 环境感知信息。限速信息、设定车速、前车位置、前车车速、信号灯状态、车道线类型、车道线颜色、车道线曲线方程、行人及障碍物信息等。

## 3.4.2　AR-HUD 技术的关键性能

具有良好性能的 AR-HUD 能够为车辆驾驶员提供智能化的驾驶体验。具体来说，AR-HUD 主要具备以下几项关键性能。

（1）虚像距离

虚拟图像距离（virtual image distance，VID）指的是眼睛和图像焦点之间的距离。一般来说，成像所覆盖的距离与成像尺寸和 AR-HUD 的效果之间存在正比关系，也就是说，成像所覆盖的距离越远，成像尺寸越大，同时，AR-HUD 的效果也会更好。

HUD 的显示图像所在的平面与道路所在的平面不同，驾驶员在驾车过程中需要反复调整眼睛的焦点，时刻留意道路和显示图像，存在一定的危险性。汽车行业普遍认为，有效的 AR-HUD 至少应具备传统 7.5m 的 VID，甚至部分厂商已经推出了 10m 的 VID 和 13m 的 VID。

（2）视场角

视场角（field of view，FOV）指的是以人眼为顶点的情况下，由眼睛所能看到的最大范围的边缘所构成的夹角，一般来说，水平 FOV 不低于 10°的 AR-HUD 能够有效反映出人眼所见的 AR-HUD 图像大小。

在保证成像距离和图像大小的情况下，为了实现多车道显示，各个厂商需要提高技术水平，利用各项先进技术优化功耗控制和光学设计，进一步扩大 FOV。

（3）亮度

投影显示的效果与投影光线的亮度和环境光的亮度息息相关。在遇到阳光直射等环境光较强的情况时，AR-HUD 需要确保自身的亮度符合业界相关要求，以便呈现出良好的显示效果，为驾驶员了解行车信息提供方便。就目前来看，业界要求 HUD 最大亮度至少达到 12000cd/m$^2$。当车辆处于行驶状态下时，环境光会不断变化，为了确保显示效果能达到最佳水平，HUD 还需根据环境光随时调整自身亮度。

虚像距离、视场角和亮度是业界已经制定好的具有具体数字指标的标准，除此之外，汽车领域也要制定并执行其他各项相关标准，加强对成像品质的管理和控制。

（4）消除重影

挡风玻璃存在一定的厚度，因此在反射光线的过程中相当于使用了两个反射面，会形成两个虚像，进而造成重影，导致 AR-HUD 的成像质量较差。为了解决这一问题，厂商需要将前挡风玻璃设计为楔形，利用聚乙烯醇缩丁醛酯（PVB）材质的楔形膜来将前挡风玻璃的两个反射面形成一定的角度，进而达到缓解重影问题的目的，但这种方式存在成本较高的不足之处。不仅如此，厂商还可以通过镀膜的方式来减少重影，就目前来看，福耀玻璃工业集团股份有限公司已经研发出这一技术。除此之外，优化光路、优化算法也可以减轻重影，提高成像质量。

（5）畸变校正

HUD 图像畸变大多是由不规则的风挡和不标准的反射镜造成的，一般来说，风挡通常为不规则曲面，在反射光线时易造成变形，HUD 光学结构中的反射镜也无法做到绝对标准，任何畸变在经过数倍放大后都会显得十分突出。为了解决这一问题，厂商需要改善光学路径，或利用算法芯片来对图像进行校正，除此之外，厂商也可以选择借助裸眼 3D 技术来获取不存在畸变问题的图像。

（6）良好的散热

AR-HUD 在工作时的热量主要来源于光源发热和阳光倒灌，就目前来看，实现阳光倒灌还存在一定的困难，具体来说，受光路的可逆性的影响，自然界中的光线会集中到光源模组当中，大量光线集中所产生的热量会损伤光源模组中的光电元件，为了确保各项光电元件的有效性，厂商还需解决散热问题。

（7）消除光斑

光线传播具有双向性的特点，因此，HUD 中会出现外部光线，这些外部光线在 HUD 内部反射器件的作用下可能会形成光斑，并照射到车辆驾驶员的眼睛，导致驾驶员难以全面掌握前方路况信息，进而形成交通安全隐患。由此可见，厂商既要进一步加强对 HUD 品质的管控，也要优化 AR 效果，解决光斑问题，充分确保行车安全性。

（8）前方道路融合

AR-HUD 能够借助高级驾驶辅助系统（ADAS）前视摄像头来采集前方道路信息，并利用这些信息构建模型，同时采集对象的位置、距离和大小等信息，并在确保人眼、HUD 显示面和真实道路位于同一视线上的前提下，直接对信息进行精准投影，为车辆驾乘人员提供沉浸式的 AR 体验。

（9）眼盒与驾驶员视线追踪

眼盒指的是眼睛可移动的区域，当眼睛处于眼盒范围内时，就能够清晰地看到整个图像，当眼睛超出眼盒范围时，则无法清晰地看到完整的图像。不仅如此，不同的驾驶员在身高、坐姿和头部位置等方面存在一定差异，因此各个驾驶员眼睛的位置和视线的方向也各不相同，导致人眼、HUD 和道路难以确保在任何情况下都能处在同一视线上。由此可见，AR-HUD 应确保眼盒的位置和大小符合眼睛观看图像时的各项实际要求，同时，厂商也要将眼动追踪和图像位置实时自动调节等技术应用到 AR-HUD 中，改善 AR 的显示效果。

## 3.4.3　AR-HUD 界面设计及案例

随着收入的增加和出行需求的上升，汽车已在我们的生活中扮演着十分重要的角色，人们也越来越关注汽车的安全性。总体来说，汽车的安全性虽有所提升，但还是经常引发交通事故。HUD 能够有效地提升驾驶的安全性，特别是 AR 技术出现后，HUD 的使用场景变得更加丰富，这使得 HUD 技术在业内受到越来越多的重视。下面选取几款车型，以它们的 AR-HUD 界面设计作为代表性案例，对其信息布局和典型使用场景进行分析，这几款车型分别为深蓝 S7、理想 L9、蔚来。

（1）深蓝 S7 AR-HUD 界面设计

深蓝 S7 没有配备仪表盘这一传统部件，不过它的 HUD 所显示的信息非常丰富，不仅包括基本的行驶信息，如车速、导航、指示灯、限速等，也包含与智能驾驶有关的信息，如实时的场景重构信息、行人及车辆标记信息和驾驶辅助提醒信息等。

① 信息布局。深蓝 S7 的 HUD 可在挡风玻璃上显示导航、车速等信息,并参照实时路况实现信息的动态变化,但在提供的信息中不包括缩略图信息和挡位信息。深蓝 S7 HUD 信息布局如图 3-24 所示。

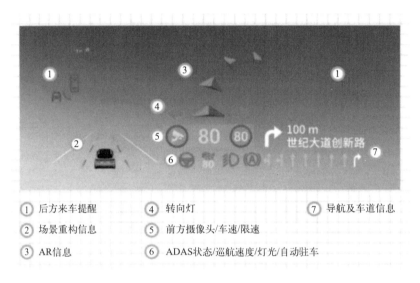

| ① 后方来车提醒 | ④ 转向灯 | ⑦ 导航及车道信息 |
| ② 场景重构信息 | ⑤ 前方摄像头/车速/限速 | |
| ③ AR信息 | ⑥ ADAS状态/巡航速度/灯光/自动驻车 | |

图 3-24　深蓝 S7 HUD 信息布局

② 典型使用场景。新版本多出了增加限速提醒和摄像头距离提示,还对布局重新做出了调整:字体字面率加宽,路口方向图表加粗,进度条变为横向摆放以方便人们理解,此外 NOP 变道时会发出更加强烈的提示。深蓝 S7 AR 导航指引功能如图 3-25 所示。

图 3-25　深蓝 S7 AR 导航指引功能

（2）理想 L9 AR-HUD 界面设计

理想 L9 没有仪表，其在方向盘上装有安全驾驶屏，仪表显示驾驶信息的任务交给了 HUD。驾驶员可以按照自身的使用需要和偏好对 HUD 界面进行自定义调节，调节选项包括亮度、高度、角度、布局和详细程度。

① 信息布局。为了让驾驶员对当前的交通状况有更加明确的感知，理想 L9 提供了导航缩略图信息和挡位信息。理想 L9 信息布局如图 3-26 所示。

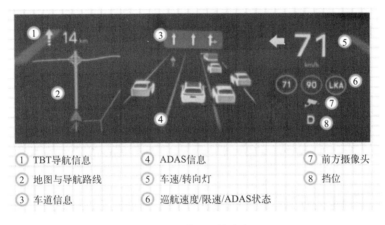

| ① TBT导航信息 | ④ ADAS信息 | ⑦ 前方摄像头 |
| ② 地图与导航路线 | ⑤ 车速/转向灯 | ⑧ 挡位 |
| ③ 车道信息 | ⑥ 巡航速度/限速/ADAS状态 | |

图 3-26　理想 L9 信息布局

② 典型使用场景。HUD 有 4 种显示模式可供选择。开启辅助驾驶时，显示为全部模式；当遇到户外雪地驾驶场景时，可以使用雪地模式，使信息变得更加易读；在设置中可以调节亮度、高度、角度等，亮度可以自动调节，座舱内的摄像头可以观察到驾驶员的实际位置，参照驾驶员位置进行高度的调节，如图 3-27 所示。

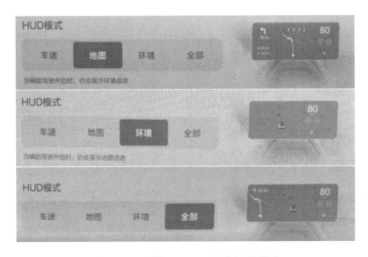

图 3-27　理想 L9 HUD 四种显示模式

（3）蔚来 Aspen3.4.0 AR-HUD 界面设计

蔚来的 HUD 之前存在着一些缺陷，呈现出较为分散的布局，路口道路指示以及 NP/NOP 不明显，此外路口距离的进度条为竖状形式，不太好理解。版本更新后，其显示的信息较为丰富，包括车速、限速、NOP 状态等车辆信息，车道、TBT 信息等导航信息，变道指引、各类警告等 ADAS 信息。

① 信息布局。界面布局直观清晰，图标很容易识读，但导航缩略图和挡位信息同样缺失。蔚来 Aspen3.4.0 AR-HUD 信息布局如图 3-28 所示。

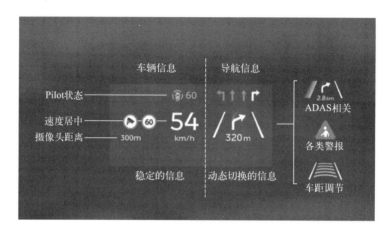

图 3-28　蔚来 Aspen3.4.0 AR-HUD 信息布局

② 典型使用场景。Aspen3.4.0 版本加入了限速提醒和摄像头距离提示，并对布局进行了重新调整：字体的字面率变宽，路口方向的图标变得更加粗重，将进度条改为了横向摆放以方便人们理解。此外，当 NOP 变道时，提示效果变得更强了。布局展示如图 3-29 所示。

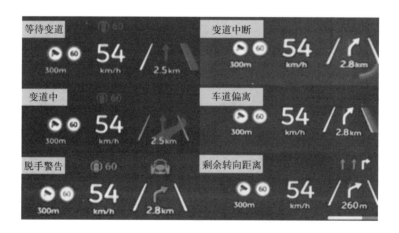

图 3-29　蔚来 Aspen3.4.0 AR-HUD 布局展示

第 4 章

智能座舱人机
交互系统

# 4.1 HMI 系统设计与未来趋势

## 4.1.1 HMI 技术的发展历程

目前，我国正在大力推动汽车产业向智能化、网联化、电动化、共享化的方向发展，与此同时，人、车、环境三者之间的关系也会随着汽车产业的发展不断变化，人机交互（HMI）将逐步成为影响智能网联汽车创新发展的关键。近年来，用户需求日渐复杂，汽车不仅要具备基础的交通运输功能，还需要满足用户在信息、娱乐、生活和办公等多个方面的各项需求。智能网联汽车连接着互联网，且装配有车载信息娱乐系统、智能车载语音交互系统和道路状况信息系统等多个系统，能够为用户提供多种多样的服务，除此之外，为了充分确保汽车的安全性和便捷性，在设计环节还应进一步提高 HMI 系统的科学性和合理性。

随着交互方式的多样化、新技术的应用范围和设计的场景化程度的进一步提升，智能网联汽车驾驶舱将实现创新发展。

人机交互指的是人和计算机利用机械工程学、人机工程学、认知学、心理学等多个学科的相关知识和技术进行信息交换的过程，同时也是一门研究系统和用户之间的交互关系的学科。一般来说，人机交互界面是用户与系统进行信息交互的工具，也是用户使用座舱内的各项功能的渠道。

随着技术的进步和汽车行业的发展，智能网联汽车将集成多种功能，并通过人机交互的方式进一步提高操作效率，增强汽车的安全性。

一般来说，汽车的使用安全和工作状态与人机交互系统的工作效率、安全程度、便捷性以及车辆驾驶员的体验感关系密切，因此，相关工作人员需要全方位把握人和机器的特点，充分发挥人和机器的优势，选择科学有效的交互方式，并将机器的利用率提升至最高水平，进而建立合理的人机交互系统。

不仅如此，汽车智能驾驶水平的提升和智能网联汽车的广泛应用促进了汽车的场景化发展，针对各类场景的 HMI 设计越来越多，汽车对用户多样化功能需求的满足能力也得到了大幅提高。

从发展过程上来看，HMI 的发展过程也可以看作从人适应机器到机器适应人的过程，HMI 的发展和应用有效降低了人类使用机器的难度，为人类利用机器来完成各类工作提供了方便。具体来说，HMI 的发展过程主要包含如图 4-1 所示的几个发展阶段。

（1）早期手工作业阶段

在 HMI 发展初期，机器并未装配显示设备，设计者需要手工操作计算机，并

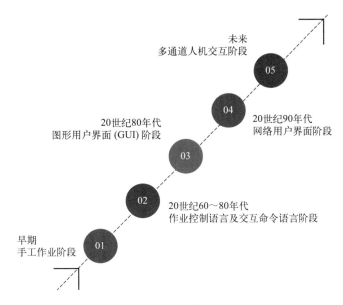

图 4-1　HMI 技术的发展历程

通过二进制机器代码，利用电传打字机手动输入和输出数据。这种交互方式具有操作难度高的特点，要求设计者具备十分专业的操作技能。

（2）作业控制语言及交互命令语言阶段

20 世纪 60 年代，真空管被广泛应用到计算机中，计算机显示设备问世，随后磁芯存储器逐渐成为当时的主流存储设备，操作系统也进入人们的视野，人与机器之间可以通过批处理作业语言、交互命令语言等进行信息交互，但这种方式要求操作者掌握记忆命令和键盘使用方法，具备调试程序的能力，能够掌握计算机的任务执行情况等信息，并灵活使用专用的交互语言。

（3）图形用户界面（GUI）阶段

20 世纪 20 年代，HMI 进入图形用户界面（graphical user interface，GUI）阶段，并逐渐呈现出桌面隐喻、直接操纵、所见即所得等特点，同时还应用了带鼠标指针的窗口界面（window-icon-menu-pointing device，WIMP）技术，用户可以借助视窗、菜单、图标和按钮与计算机进行交互。这种交互方式具有难度低的优势，适用于大部分用户，因此这一阶段 HMI 的用户范围也得到了进一步扩张。

（4）网络用户界面阶段

20 世纪 90 年代，大多数网络用户界面开始使用以超文本标记语言（hyper text markup language，HTML）和超文本传输协议（hypertext transfer protocol，HTTP）为主的网络浏览器。与此同时，多媒体、社交工具和搜索引擎等技术手段和工具的应用越来越多，交互方式也越来越丰富，系统的功能性和实用性都得到了大幅提升。

（5）多通道人机交互阶段

未来，HMI 将使用多种通道和计算机通信方式，以人为中心来展开各项信息交互活动，让用户可以通过语音、手势、触觉、体感和面部表情等多种方式来与机器进行信息交互，进一步提升 HMI 的便捷性和高效性。

## 4.1.2　HMI 系统的设计流程

智能网联汽车的交互设计需要应用到车辆工程、工业设计、心理学和计算机科学等多个学科的知识和技能，如图 4-2 所示。

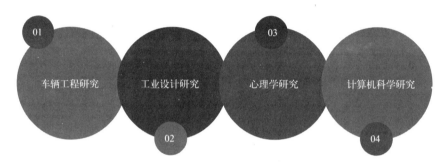

图 4-2　HMI 技术涉及的研究领域

- 车辆工程研究：包括汽车动力系统、汽车制动系统、汽车导航系统和汽车多媒体系统等多个系统以及"人 - 车 - 路"模型等。
- 工业设计研究：包括人机交互系统中的图形、颜色和显示设备等关于显示方式的设计，以及按键布局、按键形状、操作装置结构和操作装置形状等关于操作装置的设计。
- 心理学研究：主要包括驾驶行为、心理负荷、情境意识和人机界面设计与评价等各项需要从心理学的角度进行研究的内容。
- 计算机科学研究：人机交互系统相关的软硬件开发、自然语言处理、图像识别和处理、数据分析和决策等知识和技术。

（1）以用户为中心的设计理念和设计流程

近年来，汽车的智能化程度越来越高，各项功能在操作方面的复杂性也随之升高，这增加了人机交互设计的难度。为了充分确保汽车的安全性、核心功能的操作效率和操作流程的简便程度，相关设计人员需要优化智能网联汽车的人机交互设计，最大限度发挥汽车的各项功能和性能，为驾乘人员提供良好的驾乘体验。

一般来说，在智能网联汽车中，用户可以通过语音、触屏、手势和物理按键等多种方式来使用汽车的主功能和副功能，在多样化人机交互方式的支持下，车辆驾驶员也能够获得更好的操作体验。具体来说，智能网联汽车交互设计方式如图 4-3 所示。

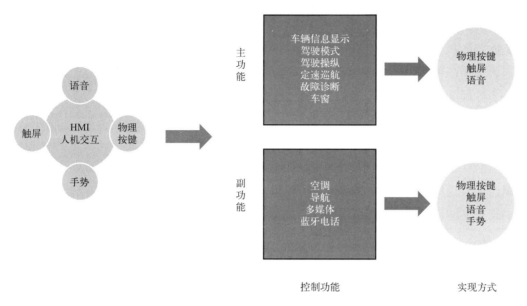

图 4-3　HMI 的设计方式

从设计流程上来看，人机交互系统设计大致可分为需求分析、调查研究、系统分析规划、系统设计、测试、人机系统生产制造及提交使用等六个阶段。具体来说，人机交互系统的设计流程如图 4-4 所示。

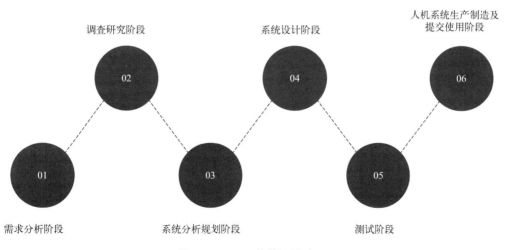

图 4-4　HIM 系统的设计流程

在设计过程中，相关设计人员应充分掌握服务对象的特征和需求等信息，围绕用户来完成对产品的交互方式、部件造型、部件尺寸、硬件和软件等内容的规划和设计工作，并对产品进行测试，确保产品能够投入生产、流入市场，并为用户提供服务。

（2）智能化趋势对人机交互提出更高的要求

未来，智能网联汽车可以充分发挥自动驾驶功能的作用，在各种定制化的场景中进行人机交互。随着操纵机构复杂程度的降低，智能网联汽车的可用空间增多，因此车辆的内部设计既要重新定义，也要加快实现定制化和多功能化的速度。功能的多样性为智能网联汽车人机交互系统的发展提供了更加广阔的空间，在人机交互设计方面，设计人员也要加强对各种场景功能的重视。

与传统汽车相比，智能网联汽车在交互设计方面不再以驾驶为核心要素，且具备更强大的车载信息娱乐系统，可以搭载娱乐、办公、通信和状态监测等多种功能，同时也能够实现自动驾驶或辅助驾驶，为驾驶员提供多样化的服务和更加舒适的驾车体验，如图4-5所示。

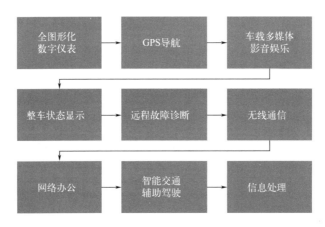

图4-5　智能网联汽车车载信息娱乐系统平台

在多功能、多通道交互设计的推动下，智能网联汽车开始向定制化的方向快速发展。在定制化场景中，自动驾驶、移动办公、智能导航和多媒体娱乐等功能均可集成于智能网联汽车中，且这些功能都具备符合场景定义的优先级、设计风格和交互设计理念，交互方式逐步向多通道化的方向发展，人与车辆可以综合运用手势控制、触屏交互、物理按键和智能语音交互等多种方式进行信息交互。

随着场景化程度日渐加深，智能网联汽车将以用户为中心集成多项特定功能，具体来说，智能网联汽车既可以充分发挥移动网络和移动办公系统的作用，增添办公室、会议室等用途，为用户移动办公提供方便，也可以利用移动网络和多媒体娱乐系统打造移动休息娱乐室，为用户提供娱乐服务。

## 4.1.3 全球典型的 HMI 系统

现阶段，汽车行业的大部分企业都试图将人机交互系统融入智能网联汽车，并借助语音控制、物理按键、物理旋钮和触摸显示屏等方式来支持用户与车辆进行交互。各个企业所应用的人机交互系统在设计理念、控制方式、操作流程和控制区设计等方面均存在不同之处，且部分企业还为用户提供了售后支持和后台人工远程控制等服务，从而让用户获得更好的使用体验。国内外部分汽车人机交互系统如表4-1 所示。

表4-1 国内外部分汽车人机交互系统

| 人机交互系统 | 应用车企 |
| --- | --- |
| iDrive 系统 | 宝马 |
| COMMAND 系统 | 奔驰 |
| MMI 系统 | 奥迪 |
| 安吉星系统 | 通用汽车、上汽集团、上海通用汽车 |
| MyFordTouch 系统 | 福特 |
| SENSUS 系统 | 沃尔沃 |
| CARWINGS 系统 | 日产 |
| G-BOOK 系统 | 丰田 |
| inkaNet 系统 | 荣威 |
| DiLink 智能网联系统 | 比亚迪 |
| MMCS 系统 | 三菱 |
| cf-net 系统 | 马自达 |
| D-Partner 车联网系统 | 中国一汽 |

① 宝马 iDrive 系统。宝马公司推出的 iDrive 系统是许多宝马汽车装配的智能驾驶控制系统，具有简单、安全和方便的特点。iDrive 系统中包含外显装置和旋钮等组成部分，其中，外显装置为显示屏，通常装配在排挡杆位置的旋钮控制器和仪

表板中部；旋钮具有显示屏菜单控制功能，用户可以通过对旋钮进行推拉、旋转和下按的方式来完成选项、菜单、退后等功能的操作，从而仅凭一只手就实现对显示屏菜单中所有功能的选控，已经熟练掌握各项功能和逻辑的用户，甚至可以进行盲打。具体来说，宝马 iDrive 8.0 系统如图 4-6 所示。

图 4-6　宝马 iDrive 8.0 系统

②　奔驰 COMAND 系统。COMAND 系统是奔驰公司推出的一款独立影音控制系统，具有操作逻辑清晰、各级菜单的数据库结构相似等特点，且包含按键和旋钮两类控制工具，其中，按键位于前台液晶屏下方，旋钮位于中央扶手箱处，用户可以通过对控制终端的旋钮进行下按、旋转和四向移动控制等操作来操控菜单中的所有功能，对于已经熟练掌握各项功能和按键位置的用户来说，可以以盲打的方式来操控各项功能。从实际操作上来看，用户可以通过旋转旋钮的方式对主菜单中的导航、音箱、电话、影像和车辆功能进行选择，通过下按旋钮的方式进入下一级菜单，通过拨动旋钮或按下返回快捷键的方式返回上一级。

③　奥迪 MMI 系统。MMI 系统是奥迪公司推出的一款用于汽车的多媒体交互系统，该系统应用了统一的逻辑，且将整个车辆中所有信息娱乐系统的各项操作都整合到了一个显示屏和操作系统中，让用户可以仅操作几个按键就能快速、直观地使用所有功能。MMI 系统中的八个功能键可用于对各项主要功能的选择，控制按钮用于对各项子功能的选择和激活，位于多媒体交互系统显示屏的四角与四个控制键当前的功能一一对应，返回键用于返回上一级菜单。除此之外，位于多功能方向盘上的菜单滚动键也具有与其他按键相同的操作原理和逻辑。具体来说，奥迪MMI 系统如图 4-7 所示。

图 4-7　奥迪 MMI 系统

④ 安吉星系统。安吉星系统是通用汽车、上汽集团和上海通用汽车联合推出的一款人机交互系统，该系统融合了无线通信和全球定位系统（global positioning system，GPS）等技术手段，能够实现路边救援求助、碰撞自助求助、实时按需检测、全程音控领航和全音控免提电话等多种汽车安全信息相关功能，且目前已应用到别克、雪佛兰和凯迪拉克等多种车型当中。具体来说，安吉星系统如图 4-8 所示。

图 4-8　安吉星系统

⑤ 福特 MyFordTouch 系统。MyFordTouch 系统是福特推出的一款车载多媒体互动系统，主要借助新一代福特 SYNC 来支持可触摸显示屏中的界面和图像。在微软 Windows Embedded Auto 的支持下，该系统能够为用户提供无线网络、蓝牙、空调控制、多媒体娱乐和三维彩色导航等多种服务。同时，车辆驾驶员也可以借助显示屏和语音实现对各项功能的操控。福特 MyFordTouch 系统如图 4-9 所示。

图 4-9　福特 MyFordTouch 系统

⑥ 沃尔沃 SENSUS 系统。SENSUS 系统是沃尔沃推出的一款包含智能在线和随车管家两项核心功能的人机交互系统。该系统具有人性化设计的控制系统以及互联、服务、娱乐、导航和控制等多种功能，且屏幕中的各个功能模块均可交互，车辆座舱内的方向盘上设置了快捷键，能够实现对各项相关功能的有效控制。同时，用户也可以借助 SENSUS 系统来实现自适应巡航和集成式语音控制等智能化功能。具体来说，沃尔沃 SENSUS 系统如图 4-10 所示。

图 4-10　沃尔沃 SENSUS 系统

⑦ 日产 CARWINGS 系统。CARWINGS 系统是一种广泛应用于各类日产车中的车载信息服务系统，该系统支持用户通过触摸中央屏幕、转动旋钮或使用位于方向盘右手侧的一键语音快捷键的方式来实现对电话、导航、音箱等功能的控制。不仅如此，CARWINGS 系统中的娱乐系统还可支持多种音源，人工后台也能够借助电话和网络来为用户提供人工导航等远程服务。

⑧ 丰田 G-BOOK 系统。丰田 G-BOOK 系统是雷克萨斯推出的一款车载智能通信系统。一般来说，在装配有该系统的车辆中，各项控制工具均位于变速杆右侧，用户可以通过操作摇杆来实现对各项功能的控制。在 G-BOOK 智能副驾的作用下，数据中心与无线网络相连，能够获得多种智能通信功能，如导航地图接收、资讯服务、道路救援等。

⑨ 荣威 inkaNet 系统。inkaNet 系统是上汽集团推出的一款基于 3G 互联的智能网络行车系统，能够支持车辆实现导航、电话、网络、视频、音乐、收音机和对讲机等多种车载功能，用户可以通过物理按键和触摸显示屏的方式实现人机交互。除此之外，该系统还具备一键服务功能，用户可以直接与荣威客服中心交流，远程解决自身遇到的各项问题。荣威 inkaNet 系统如图 4-11 所示。

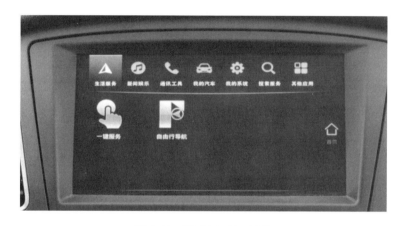

图 4-11　荣威 inkaNet 系统

⑩ 比亚迪 DiLink 智能网联系统。DiLink 智能网联系统是比亚迪自主研发的一款融合了车联网、人工智能、移动互联和语音识别等多种先进技术的交互系统。从构成上来看，DiLink 智能网联系统主要由 DiPad、Di 云、Di 生态和 Di 开放四大能力平台构成，能够支持人、机、车、云四者之间的互联互通。除此之外，该系统还具有智能自动旋转大屏 DiPad，这个屏幕能够通过对软件的应用场景和交互方式的分析进行预测，并根据预测结果自动旋转，不仅如此，该屏幕还具备分屏功能，能够同时显示不同的软件界面，为用户同时使用多个软件提供方便。具体来说，比亚迪 DiLink 智能网联系统如图 4-12 所示。

## 4.1.4　交互内容与场景的变革

在智能网联汽车人机交互的设计环节，相关设计人员通常将"人 - 车 - 环境"看

图 4-12　比亚迪 DiLink 智能网联系统

作一个整体，并在场景化的基础上进行定制化设计。随着汽车的智能化和网联化程度不断提高，智能网联汽车逐渐成为交通系统中的重要组成部分，因此，相关设计人员需要在全方位把握整个交通系统顶层设计的基础上，来推进智能网联汽车的交互设计工作，充分确保人机交互的高效性，并进一步实现对交通系统和交通环境的优化。

（1）车与环境的充分交互

随着技术的进步和智能网联汽车的升级，人机交互将打破交通工具的壁垒，逐步发展为人、车、基础设施、城市和环境等多项要素之间的信息交互。V2X 是汽车实现智能化的重要表现，汽车可以在 V2X 的支持下与智能化的环境进行信息交互，并在此基础上实现和强化智能驾驶、智能导航、实时环境数据分析、能量补给策略等多种功能，从而进一步提高整个城市交通系统的智能化水平，达到优化城市车辆监控和管理工作、高效统计驾驶行为和违章信息，以及提高交通效率等目的。车辆与环境的交互发展趋势如图 4-13 所示。

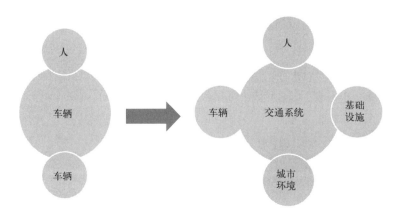

图 4-13　车辆与环境的交互发展趋势

（2）多场景化交互

智能网联汽车可以利用各项车载智能网联设备实现与场景的交互和各项车载功能。具体来说，智能网联汽车能够利用接入网络的移动设备来获取周边环境信息，并向周边环境和网络传输相关信息，进而为用户提供多种多样的场景功能，如图4-14所示。

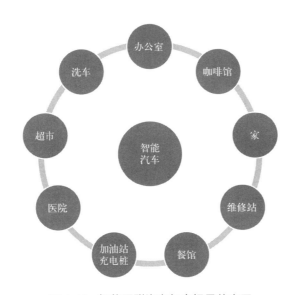

图 4-14 智能网联汽车与多场景的交互

具体来说，智能网联汽车可以利用车载网络来采集周边的各类生活娱乐信息，并获取订餐、订房等服务。新能源智能网联汽车能够利用车载导航定位附近的充电桩，并根据自身剩余电量等实际情况制定最佳能源补给方案，以便选择合适的充电桩进行充电。

（3）车内及车外信息显示与分析

智能网联汽车可以利用环境感知设备、车内设备检测系统、车载移动网络等广泛采集车辆数据、车内外交互数据、周边车辆信息等多种数据信息，并对这些信息进行分析和筛选，从中找出所需信息，如汽车行驶信息、汽车设备和系统工作情况、汽车保养维护情况等车辆状态信息，天气、温度等车外环境信息，以及周围其他车辆信息和周边交通信息等，并提供给驾驶员，从而为驾驶员了解车辆状态和环境情况提供方便。具体来说，智能网联汽车信息显示内容如图4-15所示。

（4）人机共驾交互设计

近年来，自动驾驶技术飞速发展，智能网联汽车在逐步实现自动驾驶，人

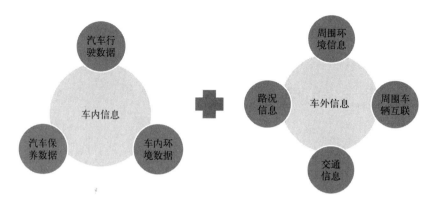

图 4-15　智能网联汽车信息显示内容

机交互方式将进一步革新，同时，驾驶模式也会随之升级。具体来说，智能网联汽车的驾驶模式可分为三种，分别是人工驾驶、辅助驾驶和无人驾驶，驾驶模式切换主要涉及人与车之间的转换、任务的接管和移交、紧急情况下的任务转移和处理、智能网联汽车和综合信息管理平台之间的信息交互等内容，如图4-16 所示。

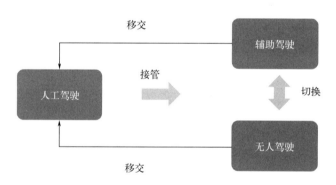

图 4-16　智能网联汽车任务接管与移交

　　未来，智能网联汽车的交互设计将会向人车协同驾驶的方向发展，汽车行业也将会进一步加大对交互方式、交互流程、交互安全和交互效率等内容的研究力度。

## 4.1.5　人机交互技术的发展趋势

　　电子信息技术的发展和各种新材料的应用促进了交互模式的革新和交互技术的进步。近年来，智能网联汽车所装载的功能日渐多样，人机交互界面的复杂程度不断攀升，为了提高操作和功能的便捷性，保障车辆行驶安全，人和车辆都需要借助新的交互模式来进行信息交互。除此之外，人机交互所使用的媒介材料的材质、柔韧度和弯曲度等性能，以及交互传感器的线性度、灵敏度和重复性等条件也都是影响交互形式和交互效果的重要因素。

（1）显示控制一体化交互

具备多种功能的智能网联汽车可以借助显示控制一体化的方式来实现高效交互。具体来说，智能网联汽车可以通过显示控制一体化来为驾驶员同时处理信息采集和功能操控两项任务提供支持，从而达到减少操作时间和保障驾驶安全的效果。

显示控制一体化涉及显示屏和按键组合、抬头显示和按键组合等多种方式，车辆驾驶员可以利用显示控制一体化的人机交互方式来与车辆进行信息交互，确保自身在驾驶车辆的过程中可以通过屏幕迅速获取所需信息，并根据屏幕上的信息进行操作，进而达到提高驾驶安全性的目的。

（2）多通道协同交互

随着智能化技术的快速发展，智能网联汽车开始向基于触觉、视觉、听觉等多通道的人机交互的方向发展，并逐渐融合视觉交互、语音交互和手势交互等多种交互形式，实现符合各类场景需求的各项功能，同时支持各项功能之间进行协同交互，如图 4-17 所示。就目前来看，嗅觉交互和味觉交互的情况较少，也并未广泛应用到各类车型中。

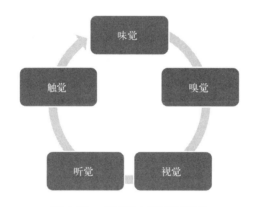

图 4-17　多通道人机交互模式

多通道人机交互系统应充分发挥场景识别功能的作用，以便针对场景提供合理有效的交互方案。车内人机交互系统可以获取和分析驾驶员状态信息，并根据分析结果和优先级来进行单通道人机交互和多通道人机交互，提高功能实现方式的多样性。

具体来说，装配有多通道人机交互系统的智能网联汽车在处于高速驾驶或激烈驾驶状态时，可以优先利用语音交互的方式来为驾驶员提供所需信息，让驾驶员无须转移视线或手离开方向盘就能够掌握行车信息，从而充分确保驾驶的安全性。不仅如此，当车内存在较为严重的噪声干扰时，智能网联汽车还可以借助多通道人机交互系统，优先进行按键交互或手势交互，进而提高交互的有效性和操作的成功率，同时也可以将多种交互方式置于同一优先级，并在此基础上为驾驶员提供符合其日常习惯的交互方式。

（3）基于生物识别和感知技术的人机交互

生物识别和感知技术在汽车领域的应用能够赋予车辆一定的感知能力，从而助力车辆实现人性化的人机交互。智能网联汽车可以利用生物识别和感知技术采集人体数据，并实时监控驾驶员的生理状态和心理状态，同时对这些数据信息进行整合和利用，进而实现多种功能。生物识别功能如图 4-18 所示。

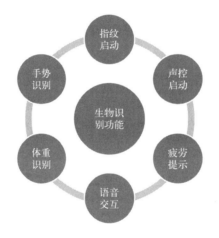

图 4-18　生物识别功能

具体来说，智能网联汽车可以利用身份识别和心理感知技术检测驾驶员状态，并据此实时调整人机界面，确保车内氛围和交互环境在任何时间都符合驾驶员的状态。由此可见，生物数据能够在一定程度上提高人车交互的效率，推动智能网联汽车走向人性化和情感化，但同时，车辆接入网络也会带来信息安全问题，因此相关研究人员还需进一步强化智能网联汽车的数据保护能力。

（4）基于智能化技术的情感交互

智能情感交互是汽车人机交互未来发展的方向，近年来，人工智能技术和生物识别技术飞速发展，智能网联汽车可以借助这些技术手段实现感知、思维和行为等功能，强化自身在人机交互过程中的情感识别能力、情感理解能力和情感表达能力，扩大交互范围，并以智能化和人性化的方式实现与车内驾乘人员以及车外行人的信息交互。智能网联汽车情感交互如图 4-19 所示。

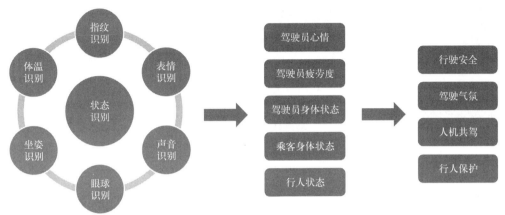

图 4-19  智能网联汽车情感交互

从实际应用上来看，具有智能化情感交互功能的智能网联汽车既能够及时发现驾驶员疲劳问题，并以振动、声音、灯光等方式提醒驾驶员休息，或将驾驶模式调整为自动驾驶，充分确保行车的安全性，也能够对车内乘客的晕车等身体不适现象进行识别，并向车辆驾驶员发送驾驶风格调整提醒，或打开通风功能，从而以情感化的方式为车辆驾乘人员提供更加舒适的体验。

# 4.2  智能座舱的语音交互技术

## 4.2.1  语音交互技术概述

语音交互主要是指通过语音的方式实现人机交互，其中语音是手段，交互的双方是人与任意的智能设备。在现今社会的各类智能化场景中，语音交互愈加重要，已经开始成为一种十分关键的人机交互方式。从用户的视角来看，语音交互的最大优势在于可以解放用户双手，提高人机交互的效率，使得人与智能设备之间的交互更加简单、高效。语音交互系统示意图如图 4-20 所示。

不过，我们应该认识到，由用户端发布语音指令到智能交互的完成，其整个过程并非一蹴而就，其中会涉及很多关键步骤，需要解决关键问题，例如机器如何才能听清用户所说的内容？如何才能够使机器准确理解用户的意图？如何才能够使机器执行用户的意图？而要想解决这些问题还需要涉及语音识别、自然语言理解、对话管理、自然语言生成以及语音合成等多个复杂的技术环节，如图 4-21 所示。

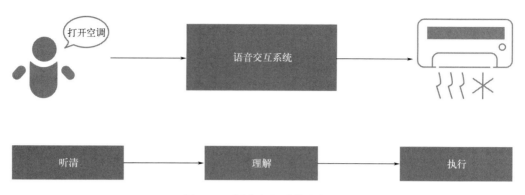

图 4-20　语音交互系统示意图

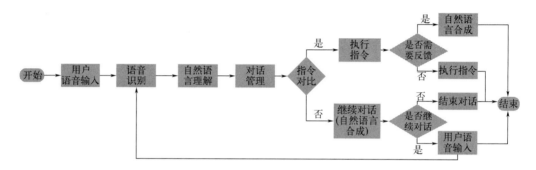

图 4-21　语音交互系统的技术逻辑

　　传统的汽车座舱内主要使用的是传统机械和电子设备，驾驶员在行驶过程中如果想要使用某项功能，需要通过操作各控制器与按钮来达成目的。与此同时，还要控制好车辆的速度和方向等，这些操作有时会同时占用驾驶员的双手、双脚及双眼，不仅烦琐还复杂，很容易造成驾驶员疲劳驾驶以及精力不集中，增加了驾驶过程中的风险性。

　　近年来，汽车智能座舱中开始使用语音交互系统，有效提高了汽车驾驶的舒适性与安全性。依靠着语音交互系统，驾乘人员可以通过语音交互的方式来完成部分驾驶操作，使自身的精力主要集中于安全驾驶与应急操作方面。举例来讲，当驾驶员想要打开空调、关闭音乐或是开始导航时，只需通过语音指令便可以完成相应操作，不再需要自己手动操作控制面板，这样可以在一定程度上避免驾驶过程中的疲劳与分心情况，能够有效提高行驶的安全性与便捷性。

　　① 以厂商的视角来看，语音交互系统的个性化、自定义空间较大，厂商可以将自身的品牌定位与用户的需求相结合，为不同用户提供差异化的语音交互系统，这对品牌的差异化发展具有极为重要的作用。此外，还可以根据用户的个性化需求，在基础的服务之上开发多样化的付费服务场景，供用户选择。

② 以消费者的视角来看，语音交互系统是主动与被动的结合，既能够被动地接收指令，高效完成人车交互，又能够主动地与用户交互，为其带来更加情感化、智能化的人车交互体验，是座舱内最为直接、人性化且安全的交互方式。

## 4.2.2　基础框架与交互场景

（1）语音交互系统的基础框架

作为一个较为复杂的综合系统，智能座舱语音交互系统既需要精密的软硬件协同配合，也需要专业化的运营管理来确保其稳定性与可靠性。总体来看，该系统主要由以下三个部分组成，如图 4-22 所示。

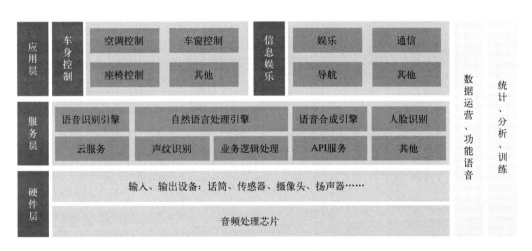

图 4-22　语音交互系统的基础框架

① 硬件层。在整个智能座舱语音交互系统中，硬件层属于该系统的物理基础，主要涉及输入设备、输出设备以及音频处理芯片。其中输入、输出设备包括话筒阵列、传感器、摄像头、扬声器以及灯光等，主要负责对用户的语音指令与反馈信息进行采集；音频处理芯片包括音频解码器、音频放大器以及 DSP（digital signal processor，数字信号处理器）等，主要负责音频信号的处理与分析。

② 服务层。服务层主要负责处理与解析语音、图像等信息，同时对于相应的任务需提供必要的反馈与响应，是整个智能座舱语音交互系统中的核心。服务层所包含的模块主要有语音识别引擎、语音合成引擎、自然语言处理引擎、云服务、声纹识别以及业务逻辑处理等。

③ 应用层。应用层主要指通过语音交互来帮助用户实现具体的功能控制，如空调控制、车窗控制、座椅控制等车身模块的控制；娱乐、通信、导航等信息娱乐

模块的控制。其主要通过将服务层提供的核心能力与用户的需求相结合，来为用户提供以上具体的应用程序。

（2）语音交互的应用场景

如果从场景、用户和需求角度来认识语音交互系统，可以抽象地把智能座舱语音交互的场景分为两种模式，如图 4-23 所示。

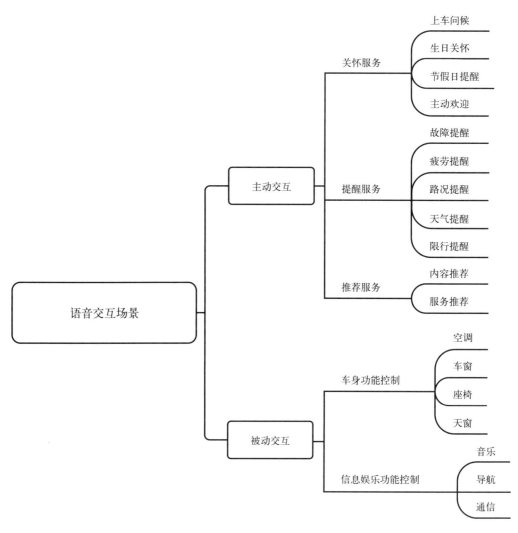

图 4-23　智能座舱语音交互的场景

① 被动交互场景。绝大多数情况下，我们所讨论的"人机交互"都是"被动式交互"，主要就是用户端发布指令给机器，机器对其进行执行操作，最后将结果反馈给用户。传统的被动式语音交互便是如此，由人主动向机器输入语音指令，然后机器开始分析、处理、执行指令，最终达成功能的实现。不过其为用户提供的价

值仅此而已，不能附带更多的功能。

这种被动式的交互能够提供的最大价值便是"君子动口不动手"，以此达成对车身功能、信息娱乐功能的控制。不过，这类交互方式在一定情况下还是会分散用户的注意力，为行车安全带来隐患，比如用户在发布语音指令时，其视线与注意力有可能发生转移。

② 主动交互场景。与被动式交互不同的是，主动式交互过程中，机器能够自主输入信息、自主输出结果或自主为用户提供建议，其整个过程是以机器为起点的。

主动式的语音交互不仅可以提高人车交互的效率，还能够给用户带来更为情感化、智能化的人车交互体验。在主动交互场景中，语音交互系统能够与其他模态进行交互与融合，综合考虑用户、车辆以及外部环境等，依靠摄像头、传感器等设备来主动进行信息输入，并完成决策判断，主动为客户提供提醒服务、推荐服务、关怀服务等。

## 4.2.3　语音识别技术

语音识别是实现语音交互的第一个环节，在整个语音交互系统中，用户端的语音信号需经过多次处理方可得出正确结果，语音识别在语音系统中主要负责对用户的语音信号完成前置处理，这一过程中主要涉及对语音信息的预处理以及解码等任务，获取和语音信号相对应的文本内容，最终做到让机器可以准确清晰地得到用户的语音内容。语音识别技术原理如图 4-24 所示。

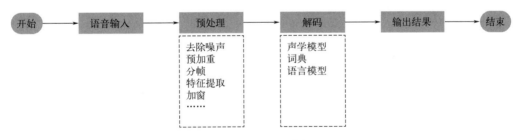

图 4-24　语音识别技术原理

（1）语音输入

语音输入主要指用户发出语音指令的过程，通常用户会先开启话筒，然后说出相关内容的语音，例如：打开空调。

（2）预处理

预处理是语音识别环节中最为基础的一个步骤，其主要目的是提取有效的声音特征，便于对语音内容进行分析处理，其主要的操作方法是，先对录音文件分帧，然后进行去除噪声、预加重以及加窗等预处理。

① 去除噪声。受用户所在环境的限制，录音设备在录制人声时，可能会混杂一些噪声，这时便需要在进行语音识别前先去掉原始音频中的噪声部分，以提高语音识别的准确率。那么如何去除噪声呢？可以先提取原始音频中声音的时域、频率以及能量等特征，然后依据这些特征来分析对比，得出原始音频中的人声与其他声音，再通过滤波、降噪算法等方式实现噪声的去除。

② 预加重。受环境、距离等因素的影响，录音设备在录制声音时可能会出现失真现象，如低频增益、高频衰减等，这种情况会对之后的语音识别带来不利影响。举例来讲，如果用户的语音内容为"apple"，那么在高频衰减的情况下，录制的声音里或许只留下了"P"与"1"这两个稍强的信号，这便会造成系统无法准确识别"apple"。为了提高语音识别的准确性，减少这种失真现象，采取了预加重的方式来处理语音信号，这样可以使不同频率的音频信号在处理过程中变得更加均衡化，也可以将"预加重"类比为图像处理技术中的"锐化"，使得图像边缘更加清晰。

③ 分帧。分帧主要指将较长且连续的语音信号划分成若干个固定长度的帧，经过分帧后，各帧内的信号频谱变化较为稳定、缓慢，有助于提高语言识别结果的准确性。通常情况下，原始的语音信号是一个连续的波形，这种信号在频率与时间上的变化都很快，如果直接对这种语音信号进行计算处理，会大大增加计算的难度，同时也会降低识别的准确性，因此采用了分帧的方式对其进行处理。

④ 特征提取。在去除噪声、预加重以及分帧等步骤都完成后，还需要将处理好的语音信号变换到频域，通过 LPCC（linear predictive cepstral coefficient，线性预测倒谱系数）、MFCC（Mel frequency cepstral coefficient，梅尔倒谱系数）等方式对语音信号的音调、音周期、帧能量、声道特性等各种特征进行提取，促使识别模型更好地对其进行区分与分析。

可以把"特征提取"类比为制作电影解说短视频，在制作时，首先要在整部电影里选取最精彩最有看点的片段，然后将这些片段从电影中剪辑出来，再将其合成一段短视频，以期在短时间内将电影的主题与精华呈现给观众。

对原始音频的预处理，除了以上介绍的四种方式外，还有加窗、动态特征、频率滤波以及语音信号能量归一化等。

（3）解码

在以上步骤完成后，需要把提取到的特征输入到语音识别模型中，继而依靠声学模型、词典以及语音模型的协同计算获取最终的识别结果。

① 声学模型。声学模型主要负责提取和处理语音信号特征，之后生成一系列特征向量，并运用这些向量对各个可能因素的得分进行计算，最后按照得分选取可能性最大的音素序列。

② 词典。小朋友在识字阶段会借助字典来查找不认识的字，在语音识别系统中，同样需要相应的词典来查找识别音素对应的汉字或单词。语音识别系统中的词典主要包含了一系列词语及其对应的音素序列，其中蕴藏着词语在语音信号中的发音方式和语言学特征，通过与其进行匹配，语音识别系统能够推测出用户所说的词语。

③ 语言模型。在以上两个环节完成后，会得到一组候选词语或句子，这时需要使用语言模型来得到与用户表达内容相符的结果。语言模型主要负责对文本中词语间的关系与概率进行统计，进而预测一个词语或句子出现概率的高低，通过对多个文本候选结果进行打分、排序和筛选，得出与用户表达内容最相符的结果。

举例来讲，假设用户所表达的内容是"我想要一杯咖啡"，那么在语音识别的过程中会产生多个候选语句，例如："我想要一辈咖啡""我向要一辈咖啡""我想要一杯可菲""我想要一杯咖啡"等，此时语言模型会识别各候选结果的概率大小，并为每个候选结果赋分，得分最高的会被确认为与用户表达内容最相符的结果，即"我想要一杯咖啡"。

（4）输出结果

输出结果指的是最终输出的识别结果，也就是经过转换后的指令或文本等。

## 4.2.4　自然语言处理技术

（1）自然语言理解

识别语音内容的环节完成后，还需通过 NLP（natural language processing，自然语言处理）算法模型来分析与处理计算机可识别的指令或文本，从而真正理解用户的语言内容与意图，顺利地执行相关指令，并根据所需进行相应的回答或操作。通常情况下，NLP 算法模型处理文本的过程包含多个环节，如词法分析、句法分析以及语义分析等。自然语言处理技术原理如图 4-25 所示。

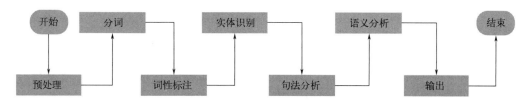

图 4-25　自然语言处理技术原理

① 预处理。在将文本输入到 NLP 模型之前，需要对其进行预处理，主要包括去掉语句中的停用词、特殊字符以及将字母统一成小写格式等，这样可以有效降低文本处理的复杂度，进一步提升算法的精度与效率。

举例来讲，句子中会经常存在一些不具有实际含义却出现较为频繁的词语，这类词语对句子的语义理解帮助较小，例如"和""就""的""在""用"等，这类代词、连词、介词等停用词对于计算机理解句子的真实含义贡献较小，会增加文本处理的时间与复杂性，降低算法的精度与效率。

② 分词。在理解自然语言文本的过程中，NLP 模型并不是对句子进行整句分析的，而是对文本的各个单词或短语的含义进行理解与分析，由此来掌握整个文本的意义。基于这种情况，就需要把已经完成预处理的文本进行分词操作，依照具体的规则将其划分成一个个词语，比如"导航去浦东机场"这个句子，经过分词，可以得到"导航 / 去 / 浦东机场"这一词语序列。分词的主要目的就是把文本转换成离散的词语序列，以便计算机进行处理。

③ 词性标注。在分词环节完成后，需要给各词语标注词性，以确定其在句子中的语法角色与含义，这样可以更加精准地进行语义分析、句法分析等。举例来讲，"导航去浦东机场"中，"导航"为名词、"去"是动词、"浦东"和"机场"都是名词，通过词性的标注可以分析出"浦东"和"机场"为导航的目的地。在标注词性时，常用到的词性包括名词、动词、形容词、副词、介词、连词、代词、数词、量词、助词、叹词等。

④ 实体识别。实体识别主要指的是在文本中对人名、地名以及组织机构名等特定的实体进行识别，以便计算机能够更加精准地理解文本内容。还是以"导航去浦东机场"来举例，通过实体识别可以得出"浦东机场"为地名实体，有助于计算机更加快速、准确地理解用户意图。

⑤ 句法分析。句法分析主要指分析句子的语法结构，明确句中各词语间的关系。以"导航去浦东机场"为例，对其进行句法分析可得出"导航 / 去 / 浦东机场"，其中"导航"是动作，"去"表示趋向，"浦东机场"为具体地点信息。通过这种分析可以快速厘清句子的语法结构与词语关系，有助于计算机深入理解用户表达的内容和具体意图，这对于计算机进行后续的信息处理是极为关键的。

⑥ 语义分析。在以上任务都完成后，需要进行最后的语义分析，其主要目的是对用户的输入意图进行更加全面的了解，以此来帮助计算机更为深入、透彻地掌握用户的输入内容，之后按照用户意图顺利地执行相关操作。语义分析主要包括情感分析、语义联想、语义角色标注以及主体提取等。

⑦ 输出。将处理好的语句结果按照结构输出至 NLP 中的对话管理模块，由其

完成最终结果的输出。例如"导航去浦东机场"，最后输出的结果为"动作 - 导航，目的地 - 浦东机场，起点 - 当前位置。"

（2）对话管理

对话管理系统需要在自然语言理解完成对文本的分析处理后，对文本进行意图识别，明确用户究竟想要做的是什么，再依照当时的对话状态进行跟踪，确定接下来的执行操作或回复方式。该系统的运行依赖于预先定义好的对话模型，其中定义了对话的流程、状态以及策略等，系统主要利用这一模型来处理用户请求。

① 意图识别。对话系统主要负责将之前得到的用户意图关键词与指令库进行对比，以确定用户的意图，并决定接下来的操作。通常情况下，语音助手在收到语音信号之后，会进行语音识别，并把语音信号转换成文本，之后自然语言理解系统会解析文本，提取其关键词及语义信息，理解用户意图，最后对话系统按照用户意图来处理请求。

② 对话状态跟踪。对话状态跟踪主要指对整个对话过程中每个状态信息的记录与维护，这样有助于在之后的对话中用来参考、分析与处理。例如，当用户提问"今天会下雪吗？"，这时对话管理系统可以结合此时的用户意图与上下文信息，通过状态跟踪来迅速、准确地对问题做出回答。状态信息主要包括用户意图、上下文信息以及技能选择等。

（3）自然语言生成

当对话管理系统要与用户对话或者反馈结果时，需要通过自然语言生成模块来将结构化的数据转换成自然且逻辑连贯的文本，用人类的语言来与用户进行交互，即回答问题、执行任务或提供建议，生成自然语言的步骤通常是句法分析、语义分析、语法分析、抽取信息以及输出文本等。例如，在用户提问"明日天气如何？"时，自然语言生成模块会依据当时的位置、时间等信息，生成相关的文本回复："明日天气晴，最高气温 24℃，最低气温 18℃"。

## 4.2.5　语音合成技术

语音合成系统属于一种语音交互系统的核心底层技术，其依托声学模型、语言模型以及音频处理等技术，通过文本前置处理、声学特征生成以及音频合成等环节，将自然语言文本合成为自然流畅的人类语音。对于语音交互过程来说，语音合成这一环节既是终点，亦是起点。语音合成技术原理如图 4-26 所示。

（1）文本前置处理

文本前置处理是语音合成阶段的第一个步骤，主要包含分词、词性标注、句法

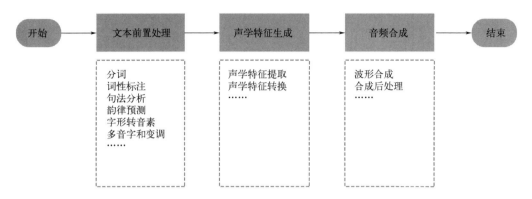

图 4-26　语音合成技术原理

分析、韵律预测、字形转音素等。要使计算机将获得的文本像人类一样讲出来，就要先让其了解文本中的字、词如何发音，并了解文本的主要含义以及文本中所蕴含的情绪，所以文本的前置处理是必不可少的一个环节。

举例来讲，当计算机获得"明天有雨，出门记得带伞。"这样一段文本时，要先通过分词、音素标注以及添加天气标签等进行文本前置处理，使其转换成："明天 /t 下雨 /v，出门 /v 记得 /v 带 /v 伞 /n，天气 /t 标签 /rainy。"

（2）声学特征生成

声学特征主要用于描述与控制语音信号的音高、音强、音色以及节奏等方面，也是语音信号的特征。因为如果想让计算机和人类一样将文本内容声情并茂地讲出来，就要使其掌握自然语言文本中各音素的时长、基频以及频谱形态等声学特征。在将自然语言文本合成为近似人类表达的语音内容后，需要先把文本转化为音素，之后通过相应的算法把音素序列转换成与之相对应的声学特征。

（3）音频合成

音频合成是指将文本信息与处理好的声学特征相结合，形成音频文件，之后完成输出。这一环节的主要任务有波形合成、合成后处理等。

# 4.3　智能座舱多模态交互技术

## 4.3.1　多模态交互技术的构成

"模态"（modality）本是一个生物学概念，提出者为德国物理学家和生理学家赫尔姆霍茨，它指的是通过感知器官和经验建立起来的信息接收通道，人类的模态包括视觉、听觉、触觉、味觉和嗅觉。多种感官经过融合之后，就形成了多模态。智能座舱中的多模态交互，实际上就是用户通过座舱环境、信息载体、声音以及肢体语言等与车之间交互，这也是对人与人之间交互方式的模拟。

（1）视觉交互

眼睛是人类重要的感觉器官，视觉交互自然也是一种十分重要的交互方式。而随着信息技术的发展，能够将虚拟和现实相结合的 VR、AR、MR 也都属于视觉交互技术，采用虚拟画面作为表现内容的形式，这样表现出的内容能给人以更强的沉浸感。另外，视觉交互技术还包括通过眼睛控制的眼动追踪。

（2）语音交互

对模式进行匹配与识别，这是语音识别技术的本质。目前的语音识别技术研究致力于提升识别的精度和反馈速度，并推动智能情绪识别的实现。

（3）触觉交互

人类对于真实物体的力触觉有一个感知过程，通过模拟这一过程，触觉交互技术使人接收到来自虚拟环境的力触觉信息，有了这项技术，虚拟环境的交互性和临场感大大增强。

（4）嗅觉交互

嗅觉交互技术可以显著提升虚拟环境的沉浸感，但在当前的虚拟现实领域，有关该技术的研究所取得的突破还比较有限，正因为如此，嗅觉交互技术的研究热度比较高。

（5）味觉交互

味觉交互技术即是用舌头感知物体味道的技术。现实生活中获得舌头味觉的方式是使用控制电极。Homei Miyashita 是日本明治大学的一位研究人员，他研发出了一种设备，可以用来模拟味觉。这一设备将电解质放入五种颜色的凝胶中，基本的口味有酸、甜、苦、盐、鲜五种，每种口味的强度可以通过不同颜色的凝胶来控制。虚拟味道来源于电泳，电荷激活微观粒子，使其发生迁移，电泳即在此时出现。人的舌头触碰到设备的五根电解质管时，分别能感受到五种基本味觉。不过，当设备电压较低时将产生不同的电荷，对不同的味道产生增强或减弱的影响。

（6）肢体交互

人类在交流时很倚重肢体语言，它可以使交流变得更加轻松。肢体语言是无声的，透过一个人的面部表情、眼神和肢体动作，可以对他当前的情感和态度做出判断，也能够窥见他的性格。肢体语言中发挥情感表达功能的主要是面部表情，愤怒、悲伤、惊奇、高兴、害怕和厌恶这六种主要情感是当前大多数研究的研究对象。在人机交互过程中，机器可以通过识别用户的表情了解他的情感，并根据表情对发言进行轮换管理，比方说当用户显现出愤怒的表情时，机器要考虑决定是否继续推进流程。肢体语言识别是一种全新的人机交互方式，但问题在于肢体语言并不是一种意义很明确的语言，所以理解起来非常困难，怎样将肢体语言语义化，并做到充分理解，这对于计算机来说仍是一个有待突破的技术难点。

## 4.3.2　信息识别技术的应用

目前，智能座舱的多模态交互技术还不够成熟，仍处于不断发展完善中。当下智能座舱所运用的主流技术主要有三项：信息识别、车载多维人机界面与新兴汽车智能单元。下面首先对信息识别技术进行简单分析。

信息识别技术主要应用于用户与车辆交互时信息指令的识别。随着信息技术的发展和用户需求的提升，汽车的智能化、人性化程度不断提升，而这就需要车辆能够从多个维度识别用户发送的信息，比如其语言信号、视觉信号、头部姿势等，未来与嗅觉等相关的感官通道也将融入信息识别技术中，从而有效提升信息识别的效率和准确率。

（1）触摸识别

智能座舱的触摸识别主要指舱内的显示触摸屏，涉及触觉传感器、电容式触觉传感、接近感应以及触觉反馈等关键技术。触摸识别有些近似于以往的按钮，不过其功能远在按钮之上，该技术的核心在于高性能的触觉传感器，这类传感器融合了材料科学、纳米技术以及柔性电子技术，使得触摸屏不仅极为灵敏，而且也拥有比较理想的分辨率。随着智能座舱领域的发展，未来触摸识别的应用场景也会越来越多。

（2）手势识别

手势不仅在人类的日常交流中会被频繁使用，在智能座舱的信息识别中，手势识别也是一个重要方面。在智能座舱的人机交互中，比如用户做出"OK"等手势，识别系统便能够接收到信息，这种静态的手势也属于二维手势。但在某些情况下，用户需要发送的信息内容可能比较复杂，这就需要借助传感器等设备，这种复杂的手势则属于三维手势。随着车载传感器装备的普及以及多模态技术的发展，未来智能座舱内手势识别的应用场景必将越来越多，手势识别的准确性也将得到极大提升。

（3）视线识别

视线识别主要指远红外光线模组与眼球追踪器对用户的视线进行捕捉与追踪。人眼的状态能够传递出多种信息，比如当用户的视线突然发生转移，可能意味着其对于突发情况的关注；再比如当用户凝视车内某处，可能传递出其具有某种需求。

尤其对存在语言和行为障碍的驾驶人员来说，视线识别无疑是一种最为简单、直接的交互方式。此外，简单的点头、摇头动作属于比较浅显的头部位置识别，这类识别可以与视线识别进行融合。

（4）语音识别

语言是人类交流最重要的工具，语音识别在智能座舱的信息识别中也具有重要地位。实际上，用户在智能座舱中需要发送的大部分指令均可以通过语言完成，比如拨打电话、收听电台、开关空调、设置导航等。而随着深度学习技术的进步，语音识别的准确性也在不断提升。

科大讯飞作为一家专业从事智能语音及语音技术研究、软件及芯片产品开发、语音信息服务的软件企业，已经与众多车企建立了战略合作关系，由科大讯飞研发的生源定位技术等也已经应用于智能座舱领域，并推动了国内语音识别技术的发展。

### 4.3.3 车载多维人机界面

随着汽车行业的快速发展和人机交互需求的升级，汽车人机交互界面开始向多维化的方向发展，并逐渐呈现出多界面、多模态、多区域等特点。

（1）智能多模态交互人机界面

智能多模态交互人机界面集成了声纹识别、人体生理信号提取、脸部微表情变化识别等多种先进技术，可以综合运用这些技术手段实现语音、手势、触摸屏和头部位置等多种交互模式，打破单一交互模式的限制，并充分发挥各类交互方式的优势，从而实现高效直观的人机交互，充分满足用户的需求。不仅如此，这种融合多种交互模式的智能多模态交互人机界面也具有十分广阔的发展和应用空间。

具体来说，汽车在进行多模态交互时可以综合运用多种感官，如听觉、触觉等。以座舱温度控制为例，人机交互系统在接收到用户发出的语音指令时，会迅速对指令中的信息进行分析，并针对用户需求开放座舱内的空调，随后会对用户的手势进行识别，并根据识别结果进行升温或降温，除此之外，当用户需要将空调调至某一具体温度时，则要借助触摸屏交互的方式进行温度调控。

① 无障碍信息交互。多模态交互能够帮助感官和认知能力较差的残障人士实现无障碍交互。例如，无障碍信息交互可以充分发挥道路识别技术的作用，借助立体声或振动反馈的方式向用户传递自身所识别到的道路信息，从而达到帮助视障人群掌握道路信息和明确行车方向的目的。也可以综合运用手势交互和视线交互两种交互方式，帮助运动能力障碍人群在驾乘车辆的过程中进行功能控制。现阶段，无障碍信息交互已经被应用到自动驾驶汽车中，即便驾驶员为视障人群，也可以借助

融合了触觉识别技术的方向盘实现对行车方向的有效控制。

② 人车协同控制。人车协同控制技术在智能驾驶辅助系统中的应用能够大幅提高车辆的智能交互能力,支持人与车辆之间实现双向协同。未来,随着人车协同技术在自动驾驶汽车中的应用逐渐成熟,用户可以借助多模态人机交互界面来传达驾驶请求信息和观点,车辆也可以借助该界面接收来源于用户的各项信息,进而在确保行车安全的基础上实现人与汽车之间的多模态交互,同时也为汽车企业广泛采集用户信息提供帮助。就目前来看,部分专业研究人员已经针对多模态人车控制权移交问题展开相关研究。

从人机协同控制在自动驾驶汽车中的实现过程上来看,首先,相关研究人员需要借助仿真实验平台来获取驾驶意图数据,并利用这些数据构建相应的数据库,为自动驾驶汽车判断驾驶员的驾驶意图提供方便;其次,驾驶意图数据库会根据实际情况生成相应的驾驶环境危险评估报告、表现评估报告和路径跟随参数等数据信息;再次,自动驾驶汽车可以充分利用模糊控制理论和数据库提供的各项信息,在人机协同的基础上构建模糊控制器,并制定相应的协同控制策略;最后,自动驾驶汽车要对驾驶员意图和驾驶环境信息进行全方位深入分析,并根据分析结果生成相应的驾驶危险评估报告,借助路径控制器来制定合理的人机控制权分配策略。

人车协同控制流程的具体内容如图 4-27 所示。

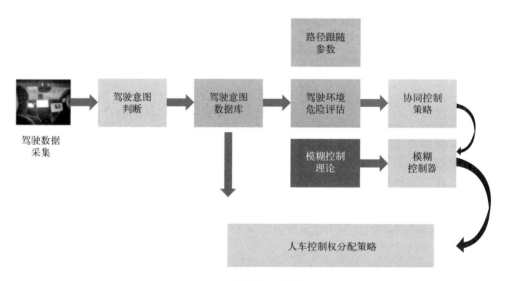

图 4-27　人车协同控制流程

(2) 空间立体交互

空间立体交互是一项融合了 3D、VR 和 AR 的先进技术,能够将数据和功能精准安排到最佳位置。目前，空间立体交互技术已经实现了在汽车领域的落地应用，理想汽车将该技术应用到了理想 L9 车型中，为用户与车辆之间的交互提供方便，如图 4-28 所示。

　　随着 3D、VR、AR 等技术的快速发展，空间立体交互的应用范围越来越成熟，多模态空间不仅可以在中控仪表等传统界面中发挥作用，还将进一步被应用到其他界面。

图 4-28　理想 L9 五屏三维交互空间

　　AR 在多模态空间中的应用能够连接起现实空间和虚拟空间。以 AR 在汽车导航中的应用为例，AR 可以通过融合实际路面信息和导航信息的方式来提高信息的直观性，让用户能够掌握各项相关信息，如车道线信息、本车与前车之间的距离、行车安全隐患、行人信息以及机动车和非机动车信息等，从而达到帮助用户全方位了解当前行车情况的目的，充分保证驾车的安全性、行驶方向的准确性，并为驾乘人员提供良好的体验。

## 4.3.4　智能表面与个人智能助理

　　智能表面即模内电子，主要由模内装饰和柔性印制电路组成，是智能座舱的重要组成部分，也是其未来进行多模态交互的载体。

　　与传统的表面相比，相关研发设计人员会为智能表面增添更多的艺术感，因此，智能表面将具有更高的观赏性。除此之外，相关研发设计人员还可能在智能表面中融入更加多样化的功能，如座椅调节、光线调节、温度控制、音乐播放等，助力智能表面实现多模态交互。随着人工智能技术的进步和智能汽车领域的不断发展，未来，智能汽车行业可能会将智能座舱中的所有表面都升级为智能表面。

智能表面具有设计简单、使用方便等特点，对相关设计人员来说，使用智能表面来进行多模态交互能够有效打破电路要求的限制，将多模态交互渗透进智能座舱的方方面面。

从技术的角度上来看，智能表面既可以整合各类先进技术，如纳米技术、电镀技术等，也可以集成各类电子功能，还可以连接各类传感设备，如雷达系统、力传感器、惯性传感器、红外线传感器和眼动追踪传感器等，进而综合运用这些技术、功能和设备来获取所需信息，并以智能化的方式实现与用户之间的交互。

具体来说，智能表面可以借助传感器感知到驾乘人员发抖，并开启空调暖风，同时对座椅进行加热，提高座舱内的温度；感知驾驶员的驾驶状态，及时发现驾驶员操作不熟的情况，并关闭所有可能会对驾驶造成不利影响的声音，确保行车的安全性；感知车辆在高速公路上的行车速度，并在车速过快时及时挂断电话，提高驾车的安全性。

随着智能座舱的不断升级，其在美观度、交互立体感和交互全面性等方面的要求会越来越高，智能表面的重要性也将日渐凸显。个人智能助理具有信息采集、生活娱乐等多项功能，能够与智能辅助系统协同作用，为用户提供各类出行信息，并满足用户在情感和娱乐等方面的各项需求，如智能机器人、智能专家等均为个人智能助理。

以宝马集团开发的宝马个人助理为例，该设备能够回答用户提出的各类问题，分析用户提出的各项要求，并与智能座舱中的其他设备互相协同，共同满足用户需求。

为了充分满足用户需求，智能座舱行业将会对智能表面和智能助手进行融合，进一步提高多模态交互的高效性、立体性和人性化程度，以便为用户提供更加多样化的服务。

第 5 章

# 车载信息娱乐系统

# 5.1　车载信息娱乐系统的应用现状

## 5.1.1　IVI 系统概念、功能与构成

在各类电子技术、数字化技术和互联网通信技术蓬勃发展的信息时代，承载信息的数字化设备逐渐成为人类生活及生产活动中必不可少的辅助工具。随着人们对汽车驾驶安全性、娱乐性和舒适性等多方面的要求逐渐提高，加上无线通信技术发展和移动通信基础设施建设逐渐完善，车载信息娱乐系统也应运而生，为驾驶员和乘客提供多样化的服务。在汽车智能化发展的大趋势中，车载信息娱乐系统得到了加速推广与普及。

（1）IVI 的概念和功能

车载信息娱乐系统（in-vehicle infotainment，IVI）是一种装载在车辆上的，依托于无线通信技术、卫星定位与导航技术、智能感知等技术的数字化系统，它可以为驾乘人员提供车辆运行状况、路况环境等信息和其他信息服务，主要作用是保障安全驾驶，提高驾乘体验。

具体来说，车载信息娱乐系统主要有定位导航、远程诊断与控制、通信、信息娱乐等功能。例如，在车辆行驶过程中，该系统可以基于卫星定位系统和无线通信网络，实时获取行驶范围内的路况环境、交通流量等信息，并自动规划最快速的行驶路线；当车辆故障时，可以进行远距离车辆诊断。系统可以接收新闻资讯、邮件，搭载音乐、视频等媒体库，驾乘人员可以进行办公、娱乐等活动。

具体来说，IVI 能够大幅提高汽车的电子化、网络化和智能化程度，支持汽车实现车辆信息、车身控制、三维导航、辅助驾驶、实时路况、故障检测、网络电视（interactive personality TV，IPTV）、移动办公、无线通信、在线娱乐功能、汽车远程服务等诸多应用。

（2）IVI 系统的技术构成

从技术层面来看，智能座舱中装配了大量信息输入系统、信息输出系统和高算力芯片（图 5-1），能够为汽车提供智能化的人机交互服务，助力汽车更好地满足用户在空间、时间、情感交互等方面对汽车的要求。

① 信息输入系统。在人车交互时可以使用各种新的信息感知设备，不仅能够通过传统的按键、触控和语音等方式进行人机交互，还可以实现语音助手、手势识别、人脸识别、声源定位、全息影像等多种功能，以多样化的方式完成信息输入任务。就目前来看，信息输入系统已经逐渐被应用到各种新型智能化

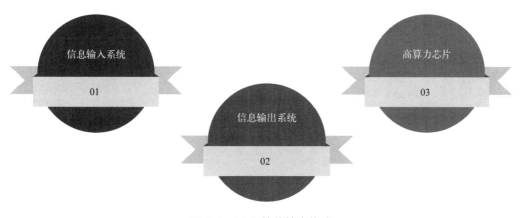

图 5-1　IVI 系统的技术构成

汽车中。

②　信息输出系统。汽车可以将虚拟现实（virtual reality，VR）和增强现实（augmented reality，AR）技术融合到智能座舱的信息输出系统中，并整合中控娱乐屏、仪表盘和副驾驶双联屏、三联屏以及车载环绕立体声响等设备，助力整个汽车座舱实现多屏化、大屏化和虚拟化，以便为汽车驾乘人员提供更加多样化的服务。

③　高算力芯片。汽车可以借助高算力的系统级芯片（system on chip，SoC）和中央处理器（central processing unit，CPU）、高性能的图形处理器（graphics processing unit，GPU）和数字信号处理（digital signal process，DSP）来支持各项信息输入设备和信息输出设备发挥作用，并利用嵌入式神经网络处理器（neural-network processing unit，NPU）助力智能座舱实现多模态 AI 推理和学习，进一步提高汽车座舱的智能化程度。

## 5.1.2　国内外 IVI 产品发展现状

一般来说，车载信息娱乐系统是在特定型号车辆的基础上开发的，其功能与该型号车辆的系统相匹配、兼容。目前，汽车工业发达地区或国家的车载信息娱乐系统产业发展较快，其中，北美地区的相关产业起步较早。

1996 年，通用汽车公司率先在北美地区推出了用于车载安全、保障和通信服务的产品 OnStar，并在 1997 版的 Seville、Eldorado、DeVille 等车型中正式装载应用，随后很快推广到全球。经过 20 多年的发展，各地区逐渐形成了与本土化市场特征相适应的车载信息娱乐系统产业，基本情况如表 5-1 所示。

表5-1    国外车载信息娱乐系统发展模式

| 国家 / 地区 | 主要功能 | 原因 |
|---|---|---|
| 北美 | 安防、远程诊断 | 交通网络发达、地域广阔、居民人口相对稀少 |
| 欧洲 | 定位导航、紧急救援 | 道路复杂、狭窄 |
| 日本 | 导航、交通信息服务、娱乐 | 人口密度大、城市道路复杂、交通不便 |

我国的汽车工业起步较晚，车载信息娱乐系统产业的发展也较晚，与其他老牌汽车工业国相比还有一定差距。纵向上看，我国车载信息娱乐系统产业的发展经历了从引进外资到自主创业创新的转变，如表 5-2 所示。

表5-2    我国车载信息娱乐系统的发展阶段

| 发展阶段 | 实施主体 | 主要内容 | 代表品牌 |
|---|---|---|---|
| 第 1 阶段 | 跨国汽车集团在国内的合资车厂 | 在海外已具备成熟的车载信息娱乐系统运营经验，在国内的准备时间也比较长，已于 2009 年推出系列产品 | G-Book 安吉星 |
| 第 2 阶段 | 意识超前的国内厂商 | 较早就进行了积极地准备和测试，于 2010 年推出了车载信息娱乐产品 | CARWINGS 智行 +inkaNet |
| 第 3 阶段 | 主流合资车厂和国内自主品牌车厂 | 2011 年后开始陆续有产品推向市场 | InCall |

2009 年，上汽通用的"安吉星"（即 OnStar）和丰田的 G-BOOK 车载信息娱乐系统在我国正式推出，随后东风日产的"CARWINGS 智行 +"、上汽集团的 inkaNet 等产品也相继进入市场。近年来，在汽车产业智能化创新升级、市场竞争各相关技术的催化作用下，我国车载信息娱乐系统产业进入了高速发展时期。

（1）产品特点

目前，市场上的 IVI 产品呈现出如图 5-2 所示几个方面的特点。

① 系统功能偏向受市场导向影响较大。不同地区的消费者对于车载信息娱乐系统性能的关注点有所差异，例如在北美、欧洲一些人口稀少的地区，消费者更注重系统的安防、远程诊断等功能；在日本、中国等一些人口密度较大的城市，消费者更关注定位导航功能，以应对各种复杂的道路环境；另外，国内大多数消

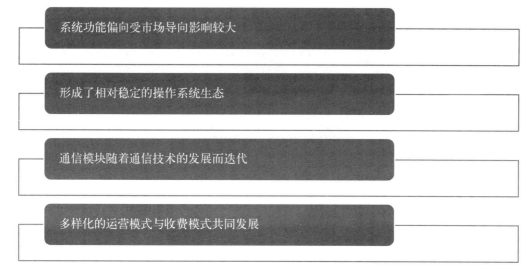

系统功能偏向受市场导向影响较大

形成了相对稳定的操作系统生态

通信模块随着通信技术的发展而迭代

多样化的运营模式与收费模式共同发展

图 5-2　IVI 系统的产品特点

费者也关注娱乐功能，国内车载信息娱乐系统的娱乐化倾向较世界其他地区更为显著。

② 形成了相对稳定的操作系统生态。目前，车载信息娱乐系统的底层操作系统以 Linux、Android 和 QNX 为主流，其中，Linux 基于良好的稳定性和安全性优势，应用最为广泛。

③ 通信模块随着通信技术的发展而迭代。目前，集成 2G、3G 通信模块的车载信息娱乐系统正在面临淘汰，供应商将主要产能转向以 4G 为主要通信模块的车载信息娱乐系统的研发上。随着 5G 网络的普及应用，相关系统也将不断更新与迭代。

④ 多样化的运营模式与收费模式共同发展。由于汽车企业在整个产业链中处于主导地位，因此，车载信息娱乐系统的运营、收费策略需要根据汽车企业对其重视程度和应用方向来制定。同时，地区消费水平、消费者的消费观念也会对其运营、收费模式产生影响。

（2）开发难点

目前，IVI 系统的开发也面临一些困难与挑战，概括而言主要包括如图 5-3 所示的几点。

① 系统功能与多个系统协同，安全性有待提高。车载信息娱乐系统不仅是汇集车辆内部和外部环境状态的信息平台，也是具备一定决策功能的控制平台，因此需要与车辆的各个系统密切配合，这就可能带来兼容、交互等方面的问题，从而加大了开发难度。同时，系统越复杂，可能存在的漏洞就越多，如何保障驾驶安全和

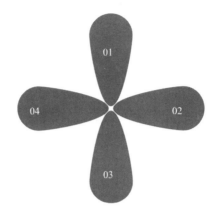

系统功能与多个系统
协同，安全性有待提高

盈利能力偏弱影响
技术发展积极性

产品迭代滞后于手持无线
终端，导致其实用性下降

较高的通信费用制约
了功能的使用频率

图 5-3　IVI 系统的开发难点

信息安全，还有待探索。

②　产品迭代滞后于手持无线终端，导致其实用性下降。车载信息娱乐系统作为车辆的一部分，其应用不仅与整个车载环境相契合，还应具有一定的灵活适应性，可以满足品牌定制化的要求。与智能手机等相比，车载信息娱乐系统的开发周期显得比较长，但其迭代速度相对也会慢于平板电脑、手机等终端设备，部分功能甚至可以被无线终端替代（例如定位导航功能）。但在汽车智能化发展的大趋势下，车载信息娱乐系统在行车安全保障方面依然有着巨大的应用潜力。

③　较高的通信费用制约了功能的使用频率。4G 通信网络虽然在数据承载量、传输速率方面有了较大提升，但也带来了更高的通信成本，而车载信息娱乐系统的大部分功能使用都是以数据传输为基础的。大流量带来的通信成本不论是供应商还是汽车企业分摊，最终都会转移到消费者一端。

④　盈利能力偏弱影响技术发展积极性。车载信息娱乐系统的定期维护与升级是运营成本支出的重要方面，但就目前国内市场来说，消费者已经习惯了免费使用服务，大多不愿意额外支付用于车载信息娱乐系统的费用，而车载信息娱乐系统领域还不存在像 iOS 系统、Android 系统那样大范围的应用生态环境，不能够完全依靠流量、广告变现。因此，车载信息娱乐系统厂商的盈利能力偏弱，这限制了相关技术的发展。

## 5.1.3　IVI 系统产业链生态图谱

车载信息娱乐系统由于涵盖多种功能，因此涉及的领域较多，其产业链上参与的主体数量也就相应增多，具体如图 5-4 所示。

图 5-4　IVI 系统产业链生态图谱

（1）汽车企业

汽车企业作为汽车这一核心产品的生产者，在产业链中占据主导地位，拥有较大的话语权，车载信息娱乐系统供应商则是汽车企业的"附庸"。基于市场竞争关系和不同汽车产品类型的差异，车载信息娱乐系统供应商通常只为"自家"品牌服务，专注于研发与之适配的车载信息娱乐系统产品，该产品通常难以与其他品牌的汽车兼容，这不利于在后装市场扩张。

同时，此类车载信息娱乐系统在价格方面往往并不具备优势，因此其客户来源仅限于该品牌汽车的购买者，无法依靠系统本身挖掘新用户。目前，国内的上汽通用、东风日产、广汽、吉利等汽车企业均有各的车载信息服务渠道。

（2）通信运营商

车载信息娱乐系统功能的实现必然需要强大的网络基础设施，因此通信运营商也是该产业链上的重要参与者。国内的通信运营商以中国电信、中国移动、中国联通为主，它们基于强大的通信服务资源，与各大汽车厂商合作，共同推进移动网络在车载信息娱乐系统中的应用。此外，通信运营商也可以扮演内容服务提供商的角色，充分发挥其在信息服务、呼叫中心等方面的优势。

（3）内容提供商

车载信息娱乐系统可以承载的服务内容是多种多样的，包括定位导航、实时交通数据、新闻资讯、气候及路况环境等信息服务和车况监控、车辆保障等安防服务。目前，与驾驶相关的车况监控、定位导航等服务的受欢迎度最高，天气信息、新闻资讯等内容服务可以由其他手持移动终端提供。因此，内容提供商应该从驾驶服务本身出发，开发出有利于保障驾驶安全、使用便捷的服务内容。

（4）车辆远程服务提供商

车辆远程服务提供商（telematics service provider，TSP）是产业链中既能够贴近用户，又可以联通汽车企业的环节，向上可以整合并监督服务内容，向下则有两种服务形式，一是 TSP 自立品牌，作为第三方服务商，为用户提供服务；二是与汽车厂商合作，或套用汽车企业的品牌，为购车用户提供配套服务。目前，国内此类参与主体主要包括三类：其一是知名车企同时兼具 TSP 的角色，比如东风日产；其二是与车企有密切关联的 TSP，比如上海安吉星；其三是独立的 TSP，比如九五智驾。

（5）设备提供商

设备提供商主要提供车载信息娱乐系统的软硬件设备，其中包括整套产品或部分零部件。目前行业中较大的零部件企业主要有大陆（Continental）、博世（BOSCH）等跨国企业，国内设备提供商则有慧翰、博泰等。

（6）其他服务提供商

该主体主要提供车辆行驶中的酒店预订、餐饮预订等运营服务，和对车辆故障等突发事件的援助服务或医疗救援服务。当发生异常事件时，驾驶员可以通过车载信息娱乐系统发起援助请求，呼叫中心可以通过车载终端提供的信息追踪到求救车辆的位置，并联系附近的医疗救援队、警察等应急服务人员迅速赶赴现场进行处理。

目前，国内市场上 30 多家企业的 100 多款车型中已经装载了车载信息娱乐系统，其中涵盖装载时间较早的一汽丰田、上汽通用、长安福特、东风日产等合资企业的车型，和广汽乘用车、上汽乘用车等自主品牌企业的部分车型。

## 5.1.4 IVI 系统技术趋势与前景

（1）技术发展趋势

① 开发构建可扩展的、灵活性更强的体系框架，这是车载信息娱乐系统的发展特点决定的。例如由 BMW 公司牵头并联合其他 TSP 公司发起的 NGTP 框架协

议（next generation telematics protocol，意为"下一代车载智能通信协议"），协议中包含必要的基础结构，但开发细节可以根据具体需求调整，其核心是通过开放、标准化的协议来提供服务，这有利于构建稳定的、可持续发展的、可塑性更强的车载信息服务生态。

② 用户操作系统需进一步优化。车载信息娱乐系统的功能和用途决定了其不仅需要具备比较高的安全性和稳定性，而且也应该具有较强的兼容性。因此，用户操作系统需要不断优化，带来更加智能化和人性化的使用体验。

③ 通信速率更快，可靠性更高。网络通信技术的发展将有力推动车载通信模块的优化。目前车载 4G 通信已经在市场中得到推广，而未来 5G 通信技术的成熟应用，可以为车联网海量数据交互、车载智能系统信息传输提供重要的通信服务支持，促进自动驾驶的真正实现。

④ 运营服务得到优化，可持续、多样化的营利模式发展。开放的车载信息娱乐系统生态的构建可以为供应商提供多种运营模式，并以多样化的收费模式实现可持续盈利。该模式下，用户可享受的免费服务进一步扩展，而高质量的收费增值服务能够为付费用户带来更好的服务体验，这也是车载信息娱乐系统服务创新的趋势与侧重点。

⑤ 系统功能趋向车载互联中心，与车联网云端协同。随着云计算等互联技术和线控底盘等数字化、电气化技术的发展，车载信息娱乐系统的功能将进一步拓展，并向着车载互联中心转变。依托于这一功能，可以实现车与车、车与路、车与云的实时信息交互，并真正实现 Telematics 服务。同时，手持终端作为车载互联网络上的一环，可以对部分功能进行控制。车载互联中心的功能如图 5-5 所示。

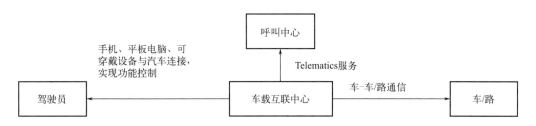

图 5-5　车载互联中心的功能

（2）市场前景

车载信息娱乐系统有着广阔的市场前景，主要原因如下：

● 随着相关技术的迭代和成熟应用，车载信息娱乐系统的成本将进一步下降，系统的服务对象不再仅限于高端车型，平价的小型车型也可以装载相关系统，车载信息娱乐系统的市场得以扩大，消费者在车辆、系统上可以有更多的选择。

- 大数据、云计算、4G/5G 通信等技术将赋予车载信息娱乐系统更强大的应用功能，其多样化、智能化的服务可以提升消费者的驾乘体验，这有利于引起更多车主的青睐，激发更大的市场需求。

车载信息娱乐系统作为电子产业在汽车领域的重要发展方向，还有巨大的市场潜力有待发掘。而汽车应用服务功能的多样化和服务质量的提升，可以激发汽车消费者对相关服务的需求，培养或提升驾驶员对车载信息娱乐系统的依赖程度，从而促进产业的持续发展。未来在汽车智能化、网联化和自动化的大趋势下，车载信息娱乐系统的服务内容将大大扩展，其服务模式、运营模式得到优化，为用户提供更多个性化、高质量的应用服务。

# 5.2 IVI 系统功能的设计与实现

## 5.2.1 用户界面设计与实现

车载信息娱乐系统（IVI）的安装是需要在整车环境中进行考虑的，车辆内部的具体环境不同，安装各种设备与系统时的具体要求也不同。车载信息娱乐系统的安装需要实现系统功能、用户需求、车辆环境的协调与统一，因此其功能设计必须考虑日常行车时可能会发生的每一种情况，每一个软硬件的安装都要对应若干种实际问题，并从方案设计的层面给出对策。由于各种媒体模块同属于车载信息娱乐系统，一个模块的正常运转可能要依靠其他几个模块的共同作用。

用户界面是车载多媒体的控制面板，通过两个进程实现自身功能，分别是用户的指令选择和图形编辑后在显示屏上的输出。具体运行过程离不开一些软硬件的作用，如按键检测程序、触控屏驱动程序以及 LCD 控制器。在用户端，触控屏上的面板是主要的输入方式，键盘起辅助作用。

其运行流程如图 5-6 所示，用户触摸面板或按下按键，触发按键检测程序，将相应的指令传输给中央处理器；或用户触摸触控屏，直接输入指令给触控屏驱动程序，触控屏驱动程序再把对应的空间坐标传输给中央处理器。然后处理器将空间信息转化为对应的 LCD 控制器的指令，LCD 控制器检测到指令，对视频进行对应处理，完成操作进程。整体来说，就是将空间信息转化为电子信号，再转化为视频信号，经显示屏输出。

分析用户界面软件的完整性，可知整个系统的运作从用户指令的输入开始，经人机接口（HMI framework）翻译为处理器的信号，信号传输后，再由显示屏显示为视频与音频信息。这个过程的关键点在于如何将用户的操作转化为系统的指令，

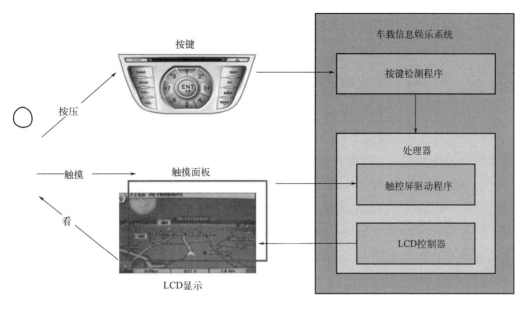

图 5-6　用户界面功能系统实现流程

如何根据空间信息准确调用相关程序，如何根据对应的指令编辑指定的图形然后显示在屏幕上。这些关键节点的转换，是依靠人机接口和触控屏控制芯片及相关的驱动程序实现的。用户界面功能软件实现流程如图 5-7 所示。

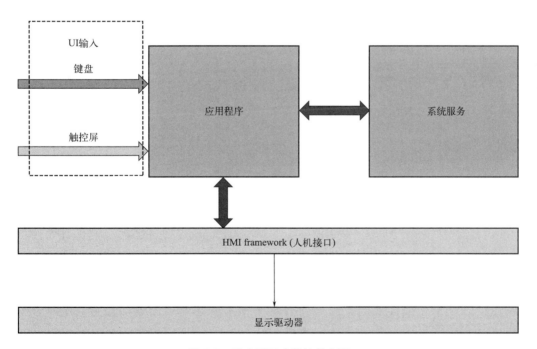

图 5-7　用户界面功能软件实现

## 5.2.2 音频功能设计与实现

IVI 的音频功能有很多实现形式，分为音频的输出和输入两类。音频输出的不同方式体现为智能座舱中的不同音源，如车载收音机、DVD、CD、耳机接口、无线音频和处理器储存的音频，以及一些应用等。储存的音乐、录音文件、智能语音助手、车载导航等都会使用音频功能进行声音的输出，而一些其他功能如有些智能座舱中的 K 歌功能，则会用到话筒进行音频的输入。

话筒的输入，AUX（辅助信号端子）、DVD、收音机等的音频输出，都离不开数字音频处理器（audio DSP）的处理功能。这种芯片拥有先进的算法和集成技术，能减少滤波器的使用，降低各种频带的干扰，因此支持多线程的音频输入，能够分别处理不同来源的音频信号，并完成数字信号与模拟信号的采样、量化、编码。音频处理系统可通过使用扬声器完成立体声的模拟，如图 5-8 所示，话筒输入模拟信号，由处理器经数字音频接口输出为数字信号并通过扬声器，以立体声在音箱播放。一些系统则无须转换数字模拟信号，而是直接将话筒的模拟信号在音箱输出。

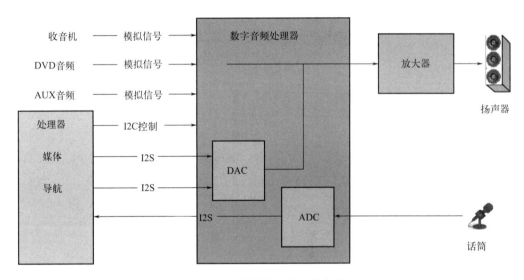

图 5-8　音频输入与输出的实现
（I2C：成电路总线；I2S：集成电路内置音频总线；DAC：数模转换器；ADC：模数转换器）

一般来说，不同种的音频输出形式的信号模式也是不同的，在数字模拟信号转换时，每秒采样点的个数和时钟脉冲等参数也都有差别。以收音机为例，其输出的音频流使用的就是模拟信号，DVD 机芯、AUX 接口都是这一类；而其余的音源则都会使用数字音频接口，将数字信号传输给音箱。语音助手、无线通话、自动导航这一类语音信息，采样点一般较少，数据更新次数也比较少；而一些音频文件则需要增加采样点的数量，提高数据更新的频率，让声音更饱和。

### 5.2.3　视频功能设计与实现

IVI 的视频功能同样可分为两种，一种是存储器内已有的视频文件，解码为视频流接入 HDMI 在屏幕上播放；另一种是显示屏直接接入其他设备，如倒车摄像头、DVD、收音机、视频编解码器等的视频信号。

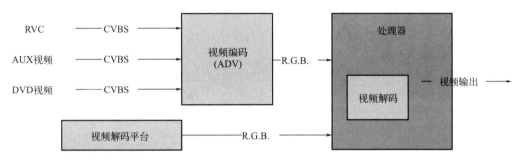

图 5-9　外接视频输入实现
（RVC：倒车摄像头；CVBS：复合视频信号）

如图 5-9 所示，摄像头等外接信号大多是经过复合视频广播信号（composite video broadcast signal）与低电压差分信号（low-voltage differential signaling）接口输入到中央处理器的。其中，倒车摄像头、DVD、收音机一般是使用 CVBS 接口输入视频流，而视频编解码器则是使用 LVDS 接口传输视频信号。不同的处理器接入不同的接口，需要接收不同种信号，一些处理器只能处理 LVDS 接口的视频信号，如视频编解码器，就会使用专门处理视频信号的芯片，将复合视频广播信号转化为数字信号。一些处理器能够多线程处理视频信号，处理器芯片就会合理分配各线路，保证视频的解码速度。

上述倒车摄像头等外接信号与存储器中的视频文件解码的信号，都需要以相同的形式在显示屏上表达，才能最终显示为 LCD 上的视频。由于显示屏将统一的电信号转化为光学信号，因此视频需要与用户界面统一显示，这就需要液晶显示器的运作。不同的是，视频是动态的，而用户界面几乎是静止的，所以视频界面需要单独的屏幕刷新率。

刷新率不同，再统一显示就有些不方便。所以，虽然视频播放与用户界面的信号是统一进行转换的，二者却需要分别处在不同的显示层。也就是说视频与用户界面是分层独立显示的，两个显示层使用不同的存储，通过 LCD 输出到不同的分层，最终完成叠加显示，在视觉上就处于同一层，具体过程如图 5-10 所示。

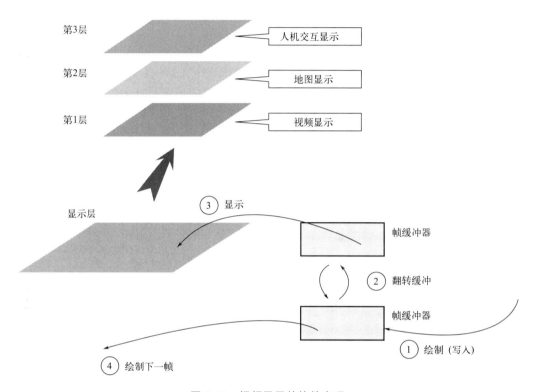

图 5-10　视频显示的软件实现

这样的独立显示对处理数据的能力要求较高，并不是所有 IVI 都按照这一过程处理视频信号，有些处理器能完成分层过程，就能将视频信号写入不同的存储，经过不同的线路输出到不同的分层中，在液晶显示屏中完成叠加；有些处理器的性能不达标，有些是运行逻辑与多层显示相冲突，一般会通过特殊的算法对图形界面进行处理，完成叠加显示。

软件进行显示时，一般使用双缓存技术绘制图形，这项技术也应用在大多数领域的画面显示中。具体过程是建立一个离屏图像，将所有输入的视频信号存储在这个缓存区域中，然后通过另一个缓存以帧为单位输出完整的画面，这样可以避免用户看到的画面时间次序不同。

翻转指的是每一帧的画面输出完成后，两个缓存的角色都会对调。之前用于写入图形的缓存转换为输出缓存，用于画面的输出显示；之前用于输出画面的缓存则在下一帧用于写入视频数据，向另一个缓存输出。具体的缓存翻转时机取决于不同种类视频信号整帧的时序，以及操作信号施加的时间。有时视频帧完成后，会触发重绘机制，也会完成缓存的对调过程。

## 5.2.4　导航功能设计与实现

导航功能既包括定位和地图信息的管理、路线规划、路况监督，也包括语音助手、UI 设计。用户界面主要供用户进行操作，控制导航系统实现自身功能。导航模块提供地图信息，并定期进行更新；包括最基本的定位服务与路线选择；也可以参与联网，提供前方的实时交通信息。

根据环境是否开放，导航模块可分为以下两种工作模式：

● 在 On-board 导航模式中，所有的信息存储、调用、分析都是在独立和没有网络连接的 IVI 系统中完成的，不依靠网络算力，对车辆处理器的性能要求比较高。

● 在 Off-board 导航模式中，地图的更新与下载、道路信息的计算与分析都是在所有 IVI 系统共用的服务器中进行的，IVI 系统根据当前所处位置，从服务器中调用一小部分地图信息，进行小规模的分析与计算，对处理器没有太高要求，主要依靠网络完成导航过程。

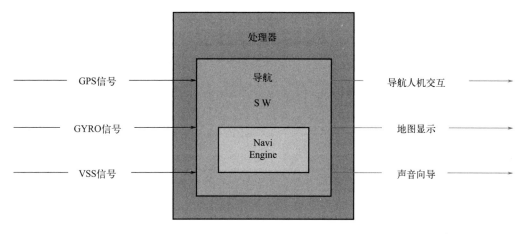

图 5-11　导航功能实现

图 5-11 是导航模块的部分结构与工作流程，可以看到，整个导航模块是以高速网络导航引擎为核心的，处理器帮助导航模块完成一些信号的转换。信号接入，经过处理后变成地图信息显示出来。通过全球定位系统（GPS），车辆可以获取当前位置，这是整个导航模块运作的基础；陀螺仪传感器（GYRO）可以帮助系统获

得车辆的转向角度,从而明确行驶的方向;通过 VSS 获得速度信息,与方向信息结合,可以计算出车辆的位置变化量。通过这三种信号的处理,可以在断开连接或信号波动时,持续获取车辆目前的位置信息。

## 5.2.5　蓝牙功能设计与实现

IVI 的蓝牙模块有两种设计方案,一种蓝牙方案是使用数字信息处理芯片,通过 I2S 接口处理 SoC 传来的数据信息。这套方案的元件都是独立于应用处理器之外的,因此不会占用音视频模块的运行内存。蓝牙模组具有比较高的集成度,通过前端模块与蓝牙芯片的协作,能够完成无线通信功能。通过特定的蓝牙协议栈,芯片对语音数据进行封包,建立专门的通道供信息传递;另一种蓝牙方案是在应用处理器中构建实现代码,完成传输信息的过程。区别如图 5-12、图 5-13 所示。

蓝牙模组支持很多蓝牙协议,可以实现各种功能,如通话(该功能应用到电话控制软件)、无线音频播放、车辆定位。上述内容就是这些功能实现过程的图解,话筒输入音频信息,通过蓝牙协议封包数据进行传输,再通过蓝牙应用处理音频信息后,输出为数字信息。这一过程中,蓝牙射频芯片还会通过异步接收器协助收发数据。一般还会使用特殊方法减少扬声器与话筒因回收路径而产生的杂音。

蓝牙模块音频播放功能的原理是在移动设备上播放音频文件,然后根据蓝牙音

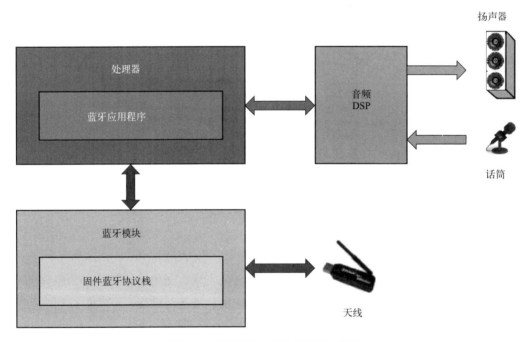

图 5-12　蓝牙解决方案(模组)框图

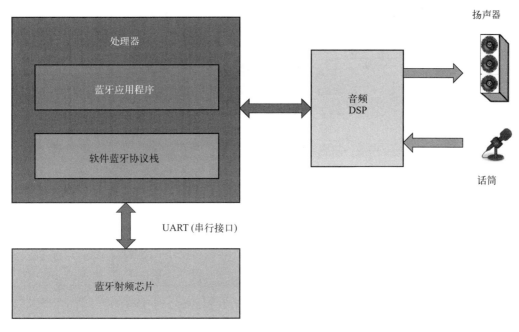

图 5-13　蓝牙解决方案（软件协议栈）框图

频传输模型（advanced audio distribution profile）将音频信息输送给 IVI 系统的音频模块，经扬声器输出为声音。还可以反过来通过音视频远程控制协议（audio video remote control profile），将用户的控制信息经专门的信息通道传输给移动设备，控制音频的拖动或切换。

不只是音频播放，蓝牙模块还可以借助电话本访问协议浏览联系人列表，借助信息接收协议查看短信，通过拨号上网和连接个人局域网实现网络连接等。

## 5.2.6　语音界面功能设计与实现

语音界面可以供用户用语音控制 IVI 系统，通过识别用户的语音，将声音信息转化为系统的操作指令，为用户提供一条新的使用 IVI 系统的途径。如此不会影响用户的正常驾驶，让行车更加安全。

如图 5-14 所示是语音界面的组成与功能实现的过程，一般应用特定的技术，向用户提供操作选项，通过扬声器以声音形式播放各操作选项，用户做出选择后，话筒会将语音信息传递给处理器，处理器将用户的语音指令放在数据库中识别，再将识别出的指令信息传输给应用系统。有时用户的指令处理完成后，应用系统会对处理结果进行反馈，具体是再次使用 TTS 技术，在音频数据库中寻找对应的语音文本，选择目标音频文件，传递给扬声器进行播放。

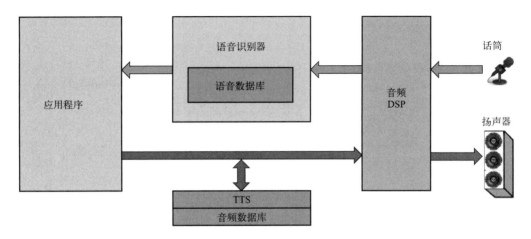

图 5-14　语音界面实现

　　如图 5-15 所示，语音界面人机交互时，收音效果可能无法保证，我国方言众多，用户的语音指令也千变万化，这对语音样本和处理器的识别能力要求比较高。对此，语音界面的方案设计有两个方向：一是提高 AI 的智能水平，与用户进行沟通，确定信息种类；二是扩大样本库，在模块开发时，使用不同的方言样本增强AI 的处理能力。

图 5-15　语音界面交互

### 5.2.7　倒车辅助功能设计与实现

倒车辅助模块有倒车摄像头、车后倒车雷达、距离提示、辅助线等组成部分，是专门为了辅助用户倒车停车设计的。倒车辅助模块要实现功能，离不开其他系统的支持，如车后的倒车雷达，就是需要依靠整车线束将信息传递给 IVI系统，再将信号转化为视频显示在 LCD 上；雷达的声音示警则是通过 IVI 系统的音频模块完成的；此外，倒车辅助模块还会用到一些其他种类的车辆传感器。

借助复合视频广播信号接口，倒车摄像头的信号可以传递给 IVI 系统，IVI 系统则可以对视频进行处理，将模拟信号转化为数字信号，并添加一些辅助信息，如路面高低、障碍物标识、距离标注等，还能够根据辅助信息指引用户进行转向、制动、观察道路情况等操作，提高倒车的安全性。

### 5.2.8　网络连接功能设计与实现

IVI 系统可以使用三种方法搭建网络连接。

首先是通过无线连接技术建立路由，将 IVI 系统的数据包转发给外部网络。但由于汽车在高速运动中不能保证稳定的网络连接，IVI 系统的各项功能可能会失灵。根据物体的惯性，可以让 IVI 系统接入手机热点等无线网络，解决车辆高速移动中的断联问题。可手机如何在高速移动中保持稳定的网络连接就成为了一个问题。另外，用户操作不当也会影响信号强度。

其次是使用网卡上网，网卡的使用涉及几大运营商，厂商往往会提前与运营商建立合作关系，发行专供 IVI 系统使用的网卡。

最后，使用 USB 和蓝牙等连接移动设备的共享网络，通过将 IVI 系统的数据包发送给移动设备，移动设备代为转发到互联网，实现网络连接。使用 USB 或蓝牙连接个人局域网，实现网络连接对移动设备的要求比较高，有些厂商、型号的手机无法完成网络的共享，就不能让 IVI 系统接入。还有一种方式是通过拨号上网的方式连接无线网络，需要将手机看成是调制解调器，接入 GPRS 网络或连接无线网络。同样地，一些品牌或机型不支持 DUN 协议，就不能使用这个方式上网。

## 5.3　IVI 系统自动化测试平台设计

### 5.3.1　IVI 系统测试的主要内容

车载信息娱乐系统（IVI）测试具有测试需求和类型多样化的特点，且需要花费大量时间和精力。就目前来看，IVI 系统测试与汽车智能化之间关联紧密，汽车行业需要在充分保障 IVI 系统品质的基础上进一步实现测试自动化，以便提升测试效率，降低测试成本。

IVI 系统的复杂度较高，IVI 系统测试通常由针对系统功能的验证性测试和针对系统性能的验收测试两部分构成。

IVI 系统测试所用到的测试设备应具备一定的信号模拟能力，能够对 IVI 系统所需的电源输入、操作控制信号（总线、触摸屏、线控、按键和语音）等各类有线信号和无线信号进行模拟，从而在实验室中实现对真实使用环境的模拟，实现自动测试，并生成相应的 IVI 系统功能测试报告和 IVI 系统性能测试报告。

（1）功能测试内容

具体来说，IVI 功能测试的主要内容如表 5-3 所示。

表5-3　IVI 功能测试的主要内容

| 序号 | 功能测试 |
| --- | --- |
| 1 | 电源波动试验 |
| 2 | USB 连接功能测试，包括音频、视频和图像功能 |
| 3 | 语音识别功能测试 |
| 4 | 音视频功能测试，包括功能间切换时音量控制功能测试等 |
| 5 | CAN/LIN 总线功能测试 |
| 6 | 线控、倒车、实体按键等操作控制功能测试，测试系统必须有模拟和测量典型汽车信号的能力 |
| 7 | 手机互联功能测试 |
| 8 | DVD 光盘、U 盘、SD 卡插拔功能测试 |
| 9 | 触摸屏操作功能测试，包括点击、滑动、放大 / 缩小等 |
| 10 | AM/FM 功能测试，包括在天线接收的范围内调节 / 搜索到电台，接收和显示 AM/FM 信号，调整音量等 |
| 11 | 导航功能测试 |
| 12 | Wi-Fi 功能测试 |
| 13 | 蓝牙功能测试，包括配对 / 取消配对、通讯录同步、拨打 / 接听电话等 |

（2）性能测试内容

IVI 性能测试的主要内容如表 5-4 所示。

表5-4　IVI 性能测试的主要内容

| 序号 | 性能测试 |
|---|---|
| 1 | 音频测试参数：输出失真度、信噪比、频响等；爆破音检测、断续音量检测 |
| 2 | 视频测试参数：复合视频输出电平、亮度信噪比、色度信噪比等 |
| 3 | 供电性能测试：供电电压缓升缓降、发动机启动电压波形、过电压测试等 |
| 4 | USB 充电电流测试 |
| 5 | IVI 系统暗电流测试 |
| 6 | 触摸屏响应时间，UI 界面动态迁移时间等 |
| 7 | AM/FM/RDS 测试参数：频率范围、中频频率、信噪比等 |
| 8 | 导航测试参数：冷 / 热启动时间、定位精度、重新捕获时间等 |
| 9 | WLAN 测试参数：发射功率、EVM、接收灵敏度等 |
| 10 | 蓝牙测试参数：输出功率、单 / 多时隙灵敏度、最大输入电平等 |
| 11 | 2G/3G/4G 测试参数：发射功率、EVM、接收误码率 |

（3）测试系统解决方案

在对 IVI 系统的功能和性能进行测试时，相关工作人员需要在充分考虑业务解耦要求的前提下分别设计两套可独立运行的测试系统，并利用互联网技术对这两个系统进行整合。同时，两个系统也可以互相协同，共享服务器维护数据，并进行数据交互和数据分析。

以上方案能够对 IVI 系统的功能测试和性能测试进行明确划分，有助于测试人员找准测试重点，在最大程度上提高资源利用率，助力系统实现高效工作，同时，这也是未来 IVI 系统自动化测试发展的方向。

具体来说，功能测试系统的测试重点是各项 IVI 系统功能，性能测试系统的测试重点是各项 IVI 系统性能项目，二者在测试目标和实现价值方面均存在不同之处，因此，汽车行业也需要分别使用两个终端来处理这两类测试任务。与此同时，汽车行业的相关工作人员也可以利用服务器来加强功能测试系统和性能测试系统之间的联系，并借助服务器/终端架构来充分发挥这两个测试系统的各项功能，最大限度发挥软件的作用，以便利用测试系统来为各项测试管理和测试制定工作提供强有力的支持。

## 5.3.2　IVI 自动化测试的工作原理

"软件定义汽车"已经成为汽车行业的战略共识，代表了未来汽车产业的发展方向。因此，改进汽车软件的测试方法，有助于提升车辆的智能化水平，从而更好地发挥出电子控制单元（electronic control unit，ECU）的作用。为了最大限度发挥出汽车中各个分系统的性能，加快电动汽车实现大范围落地应用的速度，汽车行业需要加大对批量测试技术的研究力度，力图实现对 IVI 系统等各类系统的批量化、自动化测试。

与人工测试相比，IVI 自动化测试可以充分发挥自动生成代码/下载、试验/调试等工具的作用，按照测试流程逐行检索测试用例，同时找出并自动化处理流程中的各项重复性工作。IVI 自动化测试系统通常采用 Python 语言进行编写，由于该编程语言应用难度低，而且具有十分强大的功能，因此能够为 IVI 自动化测试系统的开发奠定良好的基础。从系统架构上面来看，IVI 自动化测试主要包括以下基本模块。

（1）总线测试

现阶段，自动化测试系统可以充分利用总线测试功能，对比分析车辆通信的控制器局域网（controller area network，CAN）报文和测试用例中预期的 CAN 报文，以便为 CAN 总线收发提供支持。

从工作流程上来看，自动化测试系统需要先借助高性能远程过程调用协议（google remote procedure call，gRPC）来构建远程客户端，再通过个人电脑（personal computer，PC）来完成报文收发。

具体来说，自动化测试系统总线工作流程如图 5-16 所示。

在实际操作过程中，相关工作人员需要先点击总线按钮，并向软件中导入 DBC❶ 文件，再点击报文，获取报文信息和信号信息，以便利用 DBC 文件在软件界面中对经过翻译的报文进行直观展示。具体来说，软件界面中所展示的内容主要包括 Phys Value、Check Value 和 Invalid Value，其中，Phys Value 是需要发送的值，

---

❶ DBC：database can 的缩写，指的是 CAN 的数据库文件。

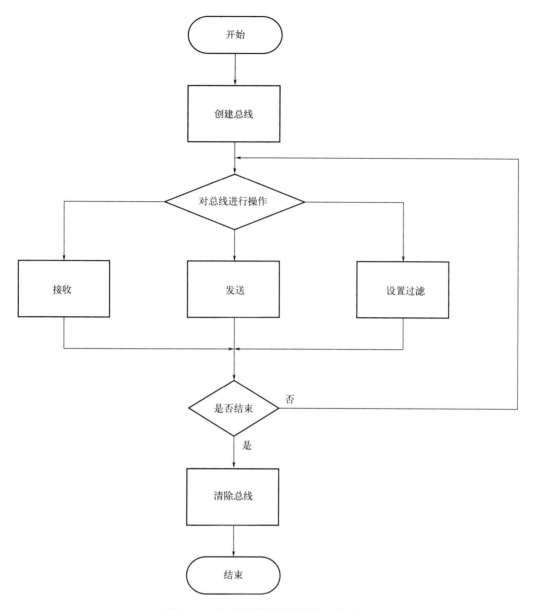

图 5-16　自动化测试系统总线工作流程

Check Value 是需要接收的有效值，Invalid Value 是需要接收的无效值。除此之外，相关工作人员还需在插入发送环节清楚填写时限，在插入接收环节清楚填写时限和有效帧数，对于无效帧数是否填写，则没有强制性要求。总线成功插入后也会进入脚本步骤列表中。

（2）摄像头截取图像对比功能测试

在测试摄像头的图像识别功能的过程中，用户应在编写脚本时保存一张预期图片和与之对应的对比区域。测试系统则需要通过摄像头来获取图像信息，并提取出其中一帧图片来进行识别和裁剪，进而得到需要进行对比的区域，然后对该图以及预期图的直方图进行计算，以便借助计算结果确定两图的相似程度，若两图相似度超过软件中所设置的数值（如 0.7），即为 pass，当两图的相似度未能达到该数值，则为 fail。

具体来说，自动化测试摄像头图像识别测试工作流程如图 5-17 所示。

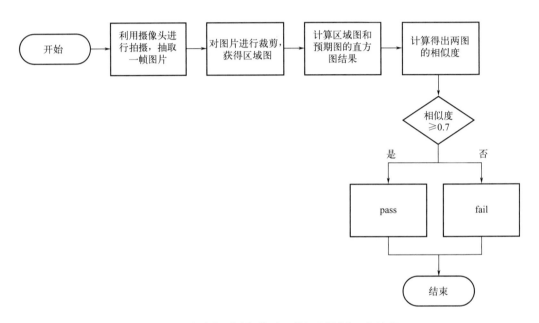

图 5-17    自动化测试摄像头图像识别测试工作流程

当用户点击摄像头按钮时，界面中则会出现如图 5-18 所示拍摄画面，其中，左侧为摄像头实时拍摄的视频画面，右侧为摄像头在用户点击拍照按钮后所截取到的视频最后一帧的照片，而用户也可以通过该界面来操控摄像头。从操作过程来看，用户应先点击连接摄像头设备进行拍照，再将摄像头所拍摄的照片保存到本地临时文件夹中，或将摄像头所拍摄的图像对比断言加入主界面中，最后再通过直接点击关闭或关闭窗体的方式来关闭摄像头。

（3）dSPACE 工具对机柜进行操作

IVI 系统自动化测试平台可以借助 gRPC 服务器来实现 dSPACE 功能。具体来说，gRPC 服务器可以利用命令行工具来解除固定脚本对测试的制约，同时借助应用程序编程接口（application programming interface，API）来对机柜进行操作，同时提高操作的灵活性，实现对各种类型的故障的有效排查和测试。

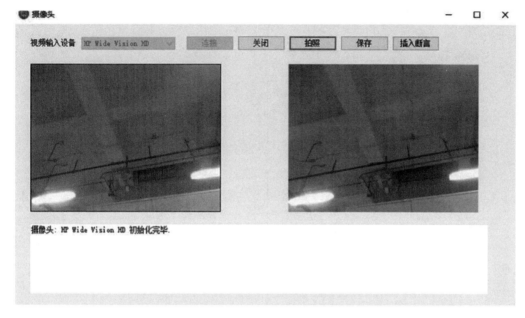

图 5-18　摄像头截取图片功能

（4）程控电源测试

程控电源测试离不开硬件在环（hardware in the loop，HIL）仿真的支持。从实际操作上来看，用户应先打开 HIL 机柜界面，再通过该界面中的设置按钮来完成标准延时格式文件（standard delay format，SDF）的加载和配置工作，以便对信号进行操作。例如，在查看信号时，需要对信号进行右击；在监控信号值的变化情况时，需要插入读或写信号值断言。

从原理上来看，系统在控制程控电源时要借助 PyVISA❶ 来发送可编程仪器标准命令（standard commands for programmable instruments，SCPI）。对于 PyVISA 支持的各类程控电源，系统均可对其进行控制，并实现相应功能，如 PC 端的电压调节、电流调节等。对于 PyVISA 不支持的程控电源，系统则无法对其进行控制。

具体来说，自动化测试程控电源工作流程如图 5-19 所示。

程控电源在 IVI 系统的硬件测试中发挥着十分重要的作用。程控电源可用于高压低压保护、额定工作电流电压监测和待机时暗电流监测等各项测试工作中，在一定程度上提升测试的自动化程度，从而解决人工调节有时延和误差的问题，并提高测试的安全性，助力汽车实现对电流和电压的精准调控。

一般来说，若脚本中已插入配置，那么每项读写信号值都应与该配置相符。

❶ PyVISA：可用于控制各种测量设备的Python软件包。

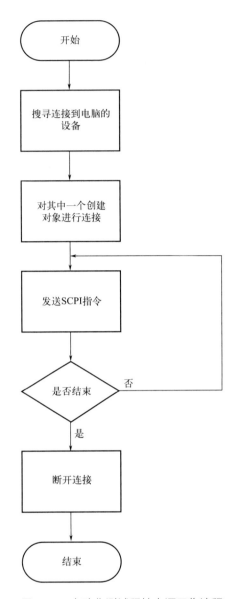

图 5-19　自动化测试程控电源工作流程

若脚本中未插入配置，那么脚本则需根据自身填写的多路访问（multiple access，MA）端口来进行信号读写，当服务器未开启该端口时，脚本则会进行报错处理。

（5）本地图像识别

在本地图像识别的过程中，用户需要借助摄像头来采集所需图像信息，并在编写脚本时保存预期图片以及相应的对比区域。IVI 自动化测试平台需要先利用ADB❶以截屏的方式从安卓设备上采集需要识别的图片，再从中裁剪出需要对比的

---

❶ ADB：一种用于与安卓设备通信的工具，起到调试桥的作用，全称为Android debug bridge。

区域图，然后计算出该图预期图的直方图结果，最后在此基础上衡量出二者之间的相似度，若两图相似度超过软件中所设置的数值（如 0.7），即为 pass，当两图的相似度未能达到该数值，则为 fail。

具体来说，自动化测试本地图像识别工作流程如图 5-20 所示。

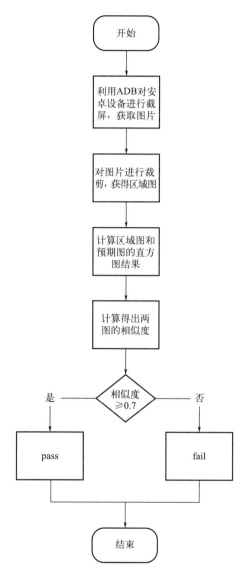

图 5-20　自动化测试本地图像识别工作流程

（6）查找控件

控件是创建界面的关键，能够与用户进行交互，并在此基础上支持用户输入或操作数据，大多位于对话框、工具栏等位置。而查找控件不仅能够精准获取界面中的控件元素，还能够基于包名打开相关应用。自动化测试系统需要与 IVI 系统进行频繁交互，且点击车机的操作量较大，为了保证测试的高效性和精准性，系统还需进一步提高控件查找的速度和精度。

## 5.3.3 IVI 自动化测试的过程实例

IVI 自动化测试的过程主要包含以下几项内容，可以通过智能网联汽车运行过程中针对导航软件指示牌文字信息的测试进行说明。

（1）测试需求

在理想情况下，导航系统应该在车辆运行的过程中对沿途出现的指示牌文字信息进行精准识别和显示。在测试之前，需要满足以下几点要求：

- 对应摄像头已经连接完成，并调整相关参数；
- 仪表已经位于界面中，且主题模式为经典主题；
- 车机位于主页界面，且已经完成连接。

然后，便能够进行导航系统的运行模拟和测试。

（2）测试步骤

针对导航软件指示牌文字信息的测试步骤如下：

- 选择接口，接口决定了某一时刻仪表盘与车机采集图像的区域；
- 裁剪图像，基于接口给出的坐标信息，对仪表盘与车机采集的图像进行裁剪；
- 识别信息，利用 OCR 文字识别工具，识别以上裁剪得到的图像中的信息；
- 比对信息，通过比对下一道路的名称等详细信息，判断二者采集信息是否一致；
- 得出结果，如果一致，则证明比对成功，否则失败。

（3）测试执行及结果分析

系统可以批量化处理已经搭建完成的测试序列中的各项任务，并利用车机导航地图来对导航过程进行模拟，同时利用摄像头来截取图像，获取沿途指示牌上的文字信息，并精准定位文字所在位置，最后还可以比对指示牌文字信息和系统后台文字库中的信息，当指示牌定位框为黄色时，则说明比对正确。

具体来说，文字定位及识别效果如图 5-21 所示。

综上所述，在针对导航软件指示牌文字信息的测试中，IVI 自动化测试系统不仅可以快速定位随机出现的任一指示牌，而且能够精准识别其中的具体信息，并与

图 5-21 文字定位及识别效果

相关软件中的信息进行对比。因此，系统具有较高的识别精度、鲁棒性、科学性和可行性。

第 **6** 章

# 智能座舱场景设计

# 6.1 智能座舱场景体验的设计方法

## 6.1.1 智能座舱场景体验分析

传统的汽车座舱的功能比较单一、用户的体验也不够理想。随着人工智能、移动通信等技术的发展，与汽车相关的硬件设备也在经历变革和升级。其中，汽车座舱不仅形态发生了改变，其所承载的功能以及与用户之间的交互方式也与以往大不相同。但是，从用户需求层面来看，智能座舱应该具备更加多样化的功能，满足用户的多种场景需求。

接下来，通过具体的场景，对智能座舱的用户体验进行简单分析。

（1）驾驶辅助场景

智能座舱作为智能网联汽车的一部分，首先应该满足用户在驾驶辅助场景方面的需求，比如自动泊车、盲点监测、车道偏离警告等，座舱提供的这些驾驶辅助功能可以使驾驶变得更加轻松，也更加安全。不过这些功能的实现需要技术作为坚实的基础，也需要用户对其产生信任并建立起足够的接受度。与此同时，用户需要认识到由这些功能的技术故障带来的潜在安全风险。

（2）娱乐场景

用户可在座舱内使用音乐播放、视频播放、游戏等各种娱乐功能，以放松和娱乐身心，缓解长时间驾驶带来的疲劳。不过用户在使用这些功能时，应尽量做到不分心，将注意力集中在驾驶上，同时，使用频率也应适当，避免过度使用。

（3）导航场景

座舱提供了地图导航、语音导航等导航功能，在这些功能的帮助下，用户能够花费更少的时间准确地寻找到目的地，更合理地完成行车路线的规划。用户选择目的地和路线，导航提供定位和地图数据，而这些数据有时可能并不准确，这会使用户迷路或者花费许多不必要的时间，从而造成损失。为了避免这种情况的出现，用户在使用功能时就要保证目的地输入准确，并根据实际情况选择可靠的路线。

（4）氛围场景

座舱可以提供空气净化、氛围灯等氛围功能，在这些功能的作用下，车内氛围变得更加舒适和愉悦，用户可以拥有更好的驾驶体验。不过，氛围功能的使用频率不宜过高，否则会增加用车成本，提高车辆维护的难度。因此，用户要在氛围功能的使用频率和成本方面多加注意。

（5）舒适场景

座椅加热、座椅按摩等功能可提高驾驶的舒适性，缓解用户长时间驾驶后的疲倦。不过，这些功能有可能会带来更高的用车成本和维护难度，因此，用户应注意使用频率不要过高，以免造成成本的浪费，增添麻烦。

（6）安全场景

气囊、安全带警告等座舱安全功能主要用于紧急情况，提供更好的保护，保障车内人员的安全。不过安全功能对技术的依赖度非常高，用户需要对它拥有一定信任和接受度。与此同时，用户需要认识到，这些功能的技术故障会带来潜在安全风险，如果想更好地利用这些功能，为自己的用车过程提供更多的安全保障，就要充分考虑技术是否安全可靠的问题。

（7）健康场景

座舱有健康监测、健康建议等健康功能，可以让用户在驾驶中对自己的健康状况有更准确的了解。不过，健康功能的使用频率不宜过高，否则用车成本和车辆维护的难度将会增加。

（8）交互场景

借助语音交互、手势交互等座舱提供的交互功能，车辆的控制和车辆功能的使用变得更加便捷，用户可以拥有更好的驾驶体验。不过交互功能对于技术的依赖性是相当高的，用户要对其产生信任，建立接受度。同时，技术故障会造成功能使用不便，如果用户想利用这些功能使自己的用车过程变得更加便利和舒适，就要认真关注技术的可靠性和安全性。

（9）车辆管理场景

借助座舱提供的车况监测、远程控制等车辆管理功能，车辆的管理和车况的维护变得更加方便，有利于保持良好的车辆状态。不过，应控制车辆管理功能的使用频率不要过高，否则会提高用车成本和车辆维护的难度。

（10）社交场景

利用座舱提供的车内聊天、社交媒体等社交功能，用户可以在车内与他人进行联络交流，这使得用户能够及时处理一些个人事务，也能使驾驶过程不至于太过无聊。不过使用社交功能会使用户分心，从而造成安全隐患，因此，从驾驶安全层面考虑，用户在使用此功能时，要尽量把注意力集中在驾驶上，同时注意使用此功能的频率不要过高。

## 6.1.2　场景体验的创新与应用

近年来，智能座舱的功能越来越丰富，但同时也出现了功能繁杂、操作困难、使用体验差等问题，激化了与用户需求的满足程度之间的矛盾。

就目前来看，各个车型的智能汽车在基础能力和外观等方面的差别较小，为了获得市场竞争优势，主机厂需要从优化用户体验方面入手，定义专属智能场景，并在此基础上进一步加强用户需求和智能座舱功能之间的联系。

场景指的是用户日常生活中出现的各个事件，汽车智能座舱场景指的是出现在汽车座舱中的场景。对主机厂来说，若要增强用户需求和智能座舱功能之间的联系，就需要满足用户在不同的汽车座舱场景中的需求，并据此进行功能开发。

（1）智能座舱场景体验创新方法

智能座舱行业可以根据用车场景、创新流程、体验视角等多项内容来定义智能座舱，实现场景体验创新。具体来说，场景体验创新七步法则如图 6-1 所示。

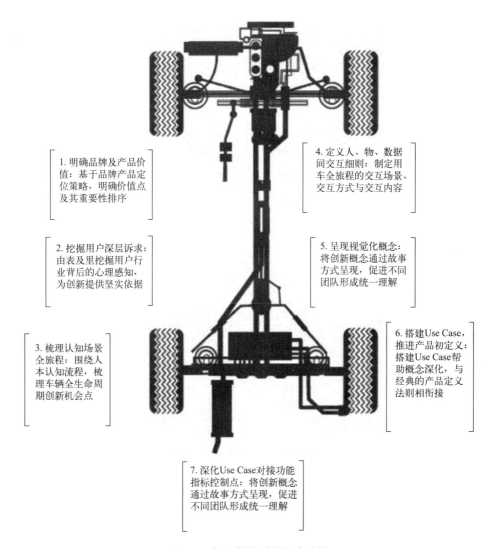

1. 明确品牌及产品价值：基于品牌产品定位策略，明确价值点及其重要性排序

4. 定义人、物、数据间交互细则：制定用车全旅程的交互场景、交互方式与交互内容

2. 挖掘用户深层诉求：由表及里挖掘用户行业背后的心理感知，为创新提供坚实依据

5. 呈现视觉化概念：将创新概念通过故事方式呈现，促进不同团队形成统一理解

3. 梳理认知场景全旅程：围绕人本认知流程，梳理车辆全生命周期创新机会点

6. 搭建Use Case，推进产品初定义：搭建Use Case帮助概念深化，与经典的产品定义法则相衔接

7. 深化Use Case对接功能指标控制点：将创新概念通过故事方式呈现，促进不同团队形成统一理解

图 6-1　场景体验创新七步法则

从流程上来看，其一，汽车厂商需要充分掌握体验原则，深入挖掘自身以及产品能够为用户提供的价值，并在此基础上展开整体体验设计工作；其二，汽车厂商需要深入挖掘用户需求，了解用户具体有哪些用车场景，并将需求和场景进行匹配；其三，汽车厂商需要全方位掌握用户体验的细节信息，并以可视化的方式进行表现，以便相关工作人员准确理解用户需求，并从用户的角度出发开展各项相关设计工作；其四，汽车厂商需要搭建 Use Case，进一步深化概念，并以研发语言的形式来表现用户语言，从而加快产品落地。

（2）基于场景体验的智能座舱创新应用

近年来，汽车的智能化和网联化程度日渐升高，许多汽车企业都认识到了以软件为核心的场景体验的重要性，并根据场景体验来对各项智能座舱应用进行创新。

以某汽车企业的新能源汽车智能座舱开发工作为例。首先，该车企在制定产品企划方案的过程中，深入了解用户的场景体验，并据此展开各项相关设计工作；然后，该车企进一步深入挖掘用户需求，加强对目标用户的了解，并在此基础上提出"100+ 核心"需求场景；接下来，该车企从各个需求场景出发，联合先导用户和各个领域的专家共同推进智能座舱应用的创新工作，并提出了超过 80 个新的想法；最后，该车企对这些新想法进行反复评估，并从中选出 40 个用于新能源汽车智能座舱的开发。

具体来说，先导用户可以在软件落地之前先感受软件功能，并向汽车企业提供相关信息，以便车企广泛采集用户相关数据信息，实现对用户偏好的有效预测，并根据预测结果对各项软件进行优化调整，从而确保智能座舱中的这些软件能够针对各类用户提供差异化的服务，充分满足不同用户的个性化需求。

软件具有迭代速度快、针对性强等特点，汽车企业对软件的创新能够有效提高用户体验的丰富性，同时，软件开发人员也能够通过迭代排程来为用户提供延展体验。

多模态语音唤醒示例如图 6-2 所示。

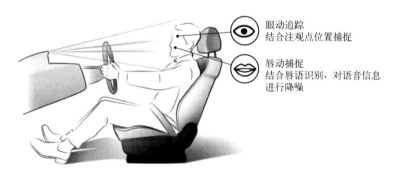

图 6-2　多模态语音唤醒示例

随着汽车产业的不断发展，智能座舱趋向电子化，用户需求趋向多样化，汽车行业中企业也开始围绕用户展开产品创新工作，并针对场景体验来创新优化智能座舱设计，进一步提高智能座舱的用户需求满足能力。

## 6.1.3　场景体验的方法与实践

（1）未来用户生活方式研究

① 用户体验具有动态化的特点，汽车企业需要进入实际场景中对用户体验进行深入挖掘，同时也要加大对各个用户群体的研究力度，全方位掌握用户的需求、偏好和反馈等相关信息。

② 汽车企业中的相关研究人员需要广泛采集生活方式变化趋势、用户价值观变化趋势、用户出行体验、用户用车情况、人车交互情况等信息，并在此基础上利用桌面研究，用户定量、定性研究等方式来对未来人们的交通出行方式进行预测。

③ 汽车企业需要掌握当前的社会环境变化情况，对核心用户人群进行深入了解，并勾画出包含价值观、用车观、生活驱动等多项相关内容的核心用户画像。

（2）目标用户用车旅程场景库建立

在建立场景库的过程中，汽车企业需要先绘制未来目标用户画像，并据此理清整个用车过程中的所有场景，以便全面掌握目标车型高感知度场景需求。与此同时，汽车企业还需着重考虑以下两项问题：

① 场景的丰富程度与用户需求的掌握情况有关，汽车企业需要针对用户需求层层解构用车场景，并对所有的用车场景进行细致地梳理，在实践的过程中对用车场景进行补充和升级优化，以便在此基础上构建场景体验。一般来说，用车场景可分为多种类型，如二级场景、三级场景等，其中，二级场景指的是座椅调节、灯光调节、温度调节、车窗调节、天窗调节、儿童乘车等场景；三级场景指的是在二级场景的基础上进一步细化的场景，例如温度调节场景可以细化为主驾温度调节、副驾温度调节、后排温度调节等场景。除此之外，用车场景还包含晴天用车、雨天用车、周末出游用车、周内上下班用车等多种场景。

② 智能座舱场景存在碎片化程度过高的不足之处，为了明确产品创意的优先级和产品功能对用户需求的覆盖情况，汽车企业需要深入挖掘目标用户的重点需求，全面把握用户的用车场景，并借助用户旅程来联系起各个用车场景，进一步提高用户座舱体验的完整性。

具体来说，用户用车旅程场景库示例如图6-3所示。

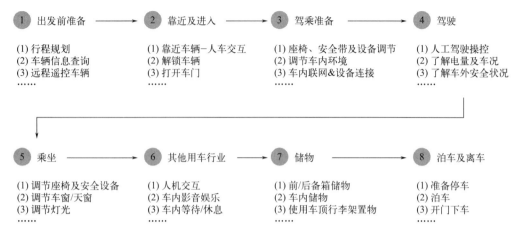

图6-3　用户用车旅程场景库示例

（3）共创工作坊创新方案

汽车行业的各个企业可以在明确核心需求场景的前提下，与先导用户和各个领域的专家联合，共同创立用于产出创新体验方案的工作坊，并充分发挥用户洞察结果和用户需求场景库的作用，带动用户和专家积极分享新的想法和创意，从而制定出具有先进性且可落地的创新体验方案。

从本质上来看，以共创工作坊的方式来产出创新体验方案采用了"开箱即用"的设计思维。具体来说，当出现用户的旅程、需求、场景相同的情况时，汽车领域可以从其他领域的专家处获取新点子，并参考不同领域的概念和创新体验方案，实现对自身创新体验方案的优化升级。

一般来说，在设计汽车出行场景相关的各项内容时，汽车行业的相关工作人员既要与先导用户和各行各业的专家进行共创，也要以需求和场景为中心，从先导用户处获取类似的解决方法和体验等相关信息，同时，还要深入挖掘潜在的用户驱动因素，在不同的领域中广泛采集各种先进的解决方案和体验路径，并在此基础上结合各项相关信息制定出符合自身体验标准和实际情况的创新方案。

（4）概念评估及用户旅程梳理

在实现对创新概念的收敛和细化后，汽车企业还需进一步明确以下三项内容：

- 创新概念技术的可行性；
- 场景解决方案对用户需求的满足能力；
- 主机厂内部规划对创新概念的支撑情况。

　　对汽车企业来说，应协同目标用户、各领域专家人员和主机厂内部专家共同对以上三项内容进行评估，并根据以上三项内容和用户旅程来构建完整的用户体验。

　　除此之外，汽车行业的相关工作人员在共创评估的过程中还需明确以下几项问题：

　　① 评估的时间落点。一般来说，汽车的研发工作存在前置量，因此汽车企业需要邀请相关专家根据自身的开发流程、开发速度、开发进度等进行预测和评估。以计划在三年后投产的车型为例，汽车企业的评估不应以现阶段的技术水平为准，而是需要邀请专业人士从自身车辆开发的实际情况和三年后的技术水平出发进行评估。

　　② 概念方案的可行性。汽车企业应在确保用户场景需求合理的基础上明确方案中的各项难点，一般来说，影响概念方案落地的因素涉及供应商资源的匹配度、数据体量和数据积累的完整度、跨领域技术移植的合规性等多个方面的内容，汽车企业需要对这些难点进行细化，并充分发挥专业技术和专业知识的作用，找出有效的解决方法，以防这些问题对创新工作造成不利影响。

　　③ 评估人员的体验广度和深度。汽车企业应确保自身所邀请的评估人员具有较强的专业性，能够深入理解各项相关信息，充分了解用户诉求，并给出准确的测试结果。具体来说，负责评估工作的专家应提前浏览并理解用户画像、生活方式等相关材料和信息，明确用户需求，参与评估工作的目标用户应具备一定的创新精神，能够接受各类新鲜事物。

　　具体来说，场景体验出发的智能座舱流程如图 6-4 所示。

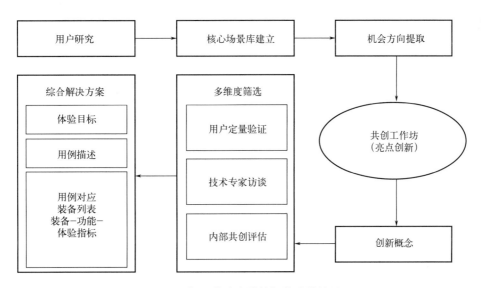

图 6-4　场景体验出发的智能座舱流程

# 6.2 智能座椅防疲劳驾驶功能设计

## 6.2.1 汽车座椅的结构与功能

在行驶过程中,汽车座椅是一直与驾驶员和乘客贴合的,座椅的设计水平决定了乘员的舒适度。智能汽车的发展势头十分迅猛,各种系统的功能比较丰富,已经基本能够与用户的需求相匹配,于是人们转而开始关注搭乘的舒适性。传统机动车的发展历史比较悠久,各种车型的座椅样式、材料种类繁多,与之相比,智能汽车的座椅主要优势在于融入了电气工程、人体工程、控制工程、人工智能等科学领域的技术成果,具有传统座椅所不具备的功能,实现了安全性、舒适性、智能性的融合。

座椅的最初设计目的是将乘员固定在最适合驾驶的位置上,为乘员提供支撑,方便控制车辆的同时还能获得一定的舒适度,舒适度很大程度上决定了驾驶体验。汽车座椅的主要组成部分有头枕、面套、靠背、坐垫、调角器、滑轨、装饰件、支撑件等,比较经典的座椅整体结构如图6-5所示。

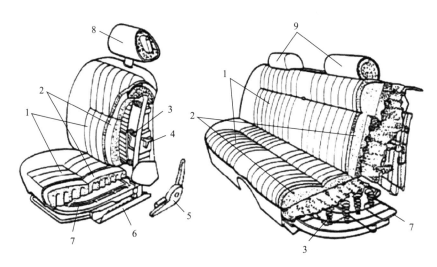

图 6-5 汽车座椅的整体结构

1—面套总成;2—发泡;3—弹性元件;4—腰部支撑调节机构;

5—调角机构;6—行程调节机构;7—骨架;

8—头枕(可调节式);9—头枕(固定式)

现介绍座椅的各种功能,这些功能是传统座椅在其发展历程中因市场需求而逐渐具备的。

(1)位置调节功能

在座椅的部件中,滑轨和调角器都是用来调节座椅的角度和位置的,这样才能让不同身材、体型的人处于最佳驾驶姿势。不同款座椅需要具备大致相同的调节功能，如前后调节、高低调节、角度调节等，以迎合大多数人的姿势习惯。同款座椅也应该做到调节的功能足够细致，如头枕或一些边缘的微调，以满足乘员的个性化需求。不同车辆的智能化水平不同，用户可通过电动或手动的方式将座椅调节至最佳形态，各个部位的具体调节效果如图6-6所示。

（2）腰部支撑功能

有些车型的座椅会提供腰托调节功能，腰托是一种安装在靠背下半部分的部件，用来在长时间驾驶中支撑驾驶员的腰部。由于久坐会造成驾驶员的身体负担，不利于集中注意力，腰托的设计主要就是针对这一点，应用人体工程学的相关成果，通过调节腰托的角度和形状，改变驾驶员腰部的受力方式和面积，减轻腰部压力，避免腰部不适造成的疲劳驾驶。

（3）腿部支撑功能

有些车型的座椅附带支撑双腿的功能，由于长时间驾驶过程中，车内空间狭小且驾驶员需要控制油门、刹车，往往会造成腿部不适，有些驾驶员还会出现腿部充血的情况，造成双腿僵硬，不利于应对突发交通状况，腿部支撑就是为了解决这一问题而装载的。与腰托相似，腿部支撑的部件也能够根据乘员的需求改变角度和形状，依靠电力或气压驱动，还可以调节腿托的位置，如此一来，随时让乘员的小腿处于良好的状态，保证车辆的制动不出现问题，提供优质乘坐体验的同时，还能让驾驶更安全。

（4）按摩功能

有些车型为了更好地缓解驾驶疲劳，还为座椅靠背添加了按摩功能。一般通过三种方式为乘员提供按摩，分别是利用机械结构、利用靠背振动和通过在肩背处安置气袋进行按摩，不管哪种方式，其核心思路都是改变座椅的支撑位置和乘员的姿势，避免因姿势固定而带来不适。

（5）加热功能

我国幅员辽阔，不同地区的气候存在较大差异，而汽车的流水线生产模式决定了座椅的功能和规格都是相同的，因此只能在工艺设计上赋予座椅更全面的温度调节功能，才能保证各个地区的消费者都能享受到合适的座椅温度。比较炎热的地区，可以依靠空调降低温度，而寒冷地区，仅仅依靠空调的升温无法保持身体温暖，这就需要座椅具备加热功能。

目前，座椅的加热功能主要是通过装配在座椅靠背的加热垫完成的，加热垫有两种安装方式，其一是缝合进面套的夹层，其二是粘贴在发泡中。当加热功能打开后，加热丝通电，电阻丝产生大量的热能，传导至座椅表面，能够提高座椅的温

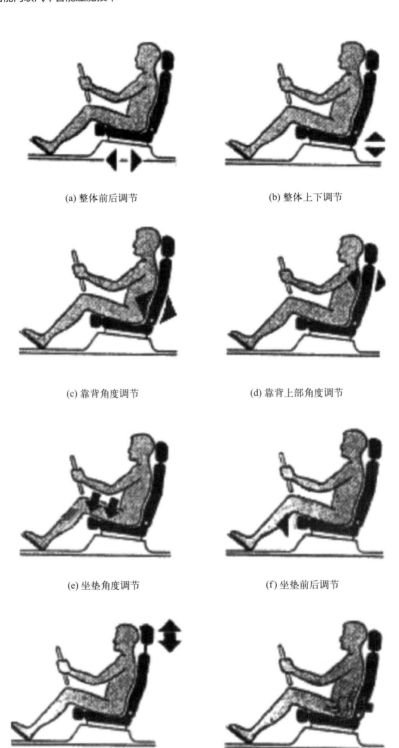

(a) 整体前后调节

(b) 整体上下调节

(c) 靠背角度调节

(d) 靠背上部角度调节

(e) 坐垫角度调节

(f) 坐垫前后调节

(g) 头枕调节

(h) 腰部支撑量调节

图 6-6　汽车座椅的功能

度。由于电阻丝的产热效率比较高，所以座椅的加热过程在短时间内即可完成，这就需要控制座椅的温度在一个范围，避免不适与烫伤，因此，有些座椅内还安装了温度传感器，用于监测座椅的温度，从而在恰当的时机断电，始终将温度保持在一个合适的水平上。

（6）通风功能

由于夏天行驶时会打开空调，因此车窗一般是关闭的，太阳辐射传导进座舱后，又会因玻璃等的反射而不断升高车内的温度，黑色外漆的车辆尤其如此。单独依靠空调制冷，可能还会让乘员感到闷热，因此某些高档车辆配备了座椅通风功能来辅助降低体感温度。

座椅通风功能是通过促进空气流动来加快汗液的蒸发，从而降低乘员身上的温度。促进空气流动有两种思路，分别是从座椅内鼓出空气和将空气从座椅吸入。通常在座椅内配置风扇用于空气的推动，由于现在的座椅一般都放弃了无纺布，而使用真皮面料，无纺布的透气性能较好，真皮座椅几乎不透气，因此必须在座椅表面布设通风孔，用于空气的流通，如此才能实现座椅通风功能。

## 6.2.2 DMS的辨识及工作条件

众所周知，长时间驾驶或姿势不当会使驾驶员进入疲劳状态，影响驾驶安全。上述的各种座椅功能基本都具有缓解疲劳的功能，但并不能保证驾驶员百分之百不会进入疲劳驾驶状态。尽管法律法规对疲劳驾驶状态有具体的界定，但在实际驾驶中却很难准确判断，而是一切以驾驶员的主观感受为准。有些驾驶员的驾驶策略较为保险，但有些驾驶员会选择无视疲劳风险继续驾驶。

面对这种情况，智能汽车厂商就研发了智能座椅疲劳检测系统（DMS）用于准确地衡量驾驶员是否处于疲劳驾驶状态以及疲劳程度如何。其主要原理是通过各种传感器收集车辆的位置信息及驾驶员的身体数据，定量分析后，与预设的指标或数据库的信息进行比较，如果经检测，驾驶员正处于疲劳状态，系统会通过操控智能座椅的部件运动来提醒驾驶员，而智能座椅角度、形状的改变并不会惊吓驾驶员，使其做出过激操作，还能让驾驶员精神集中，脱离疲劳驾驶状态。通过DMS系统的作用，一定程度上能够提高驾驶的安全性，为驾驶员、乘客保驾护航，也为行人提供安全保障。

（1）基于车辆行驶状态的检测

疲劳状态下的驾驶员驾驶车辆往往有一些特点，如不能稳定控制方向盘、不能及时调整方向、转动方向盘的频率变慢等，这些都可以通过收集方向盘的转动信息检测出来，比如通过计算方向盘几次转动的角度的方差，评估驾驶员控制方向盘的稳定程度。另外，驾驶员疲劳驾驶时，肌肉会放松，因此可以在方向盘内安装压力传感器，监测驾驶员给予方向盘的压力，还可以计算对交通指示灯、前方来车的反应时间，综合判断疲劳程度。

（2）基于驾驶员面部信息特征的方法

DMS 系统使用摄像头识别驾驶员的眼球、头部点阵等特征，由于该系统使用的摄像头不借用外来的代码框架，不存在信息泄露风险，因此比较受信任，且成本较低，更受消费者青睐。如表 6-1 所示，除眨眼、打哈欠等行为外，系统还会监测姿势是否异常，进行综合评判。

表6-1　相关疲劳特征的数据

| 眼部状态 | | | | 嘴部运动 | | 头部姿态 | | |
|---|---|---|---|---|---|---|---|---|
| 实际眨眼次数 | 检测眨眼次数 | 准确率 /% | PERCLOS均值 | 实际打哈欠次数 | 检测打哈欠次数 | 实际异常姿态次数 | 检测异常姿态次数 | 预警次数 |
| 33 | 32 | 96.9 | 0.25 | 0 | 0 | 0 | 0 | 0 |
| 32 | 29 | 93.8 | 0.32 | 0 | 0 | 0 | 0 | 0 |
| 14 | 13 | 92.6 | 0.53 | 1 | 1 | 0 | 0 | 1 |
| 50 | 49 | 98.0 | 0.51 | 3 | 3 | 0 | 0 | 3 |
| 54 | 52 | 96.3 | 0.60 | 2 | 2 | 11 | 9 | 14 |
| 58 | 56 | 96.6 | 0.56 | 3 | 3 | 2 | 2 | 5 |

（3）疲劳驾驶的判定

DMS 系统对驾驶员的疲劳状态进行界定时，会分别对目标姿态、行为进行计数，按该类目疲劳现象出现的程度、次数、间隔等计分，最终得出每一种行为的权重值并排序。如表 6-2 所示，排在最前面的是反应迟钝与心率快 / 呼吸频繁，这就说明驾驶员的这两项疲劳特征较为明显，可以据此进行疲劳驾驶判断，其中，反应时间是通过检测驾驶员行车的方向控制、对各方向来车的反应是否灵敏、准确进行判断的。

表6-2 不同疲劳现象的权重值

| 疲劳现象 | 权重值 | 疲劳现象 | 权重值 |
| --- | --- | --- | --- |
| 反应迟钝 | 0.237 | 困倦，频繁打哈欠 | 0.123 |
| 心率快/呼吸频繁 | 0.233 | 头重，头晕 | 0.117 |
| 注意力不集中，分神 | 0.177 | 视觉变化，看不清车况 | 0.113 |

类似于表格中的疲劳现象与对应的权重值是驾驶员疲劳驾驶的判断依据，对各项数据加权计算可得具体疲劳值，当疲劳值处于参考标准之下，驾驶员属于清醒状态，系统不会调整座椅唤醒驾驶员；当疲劳值超过这个预设标准，驾驶员处于疲劳状态，系统就会发出信号提醒，并通过调整座椅调整驾驶员的状态。

（4）疲劳驾驶系统的工作条件

为防止占用其他系统的运行内存，DMS系统是有开启前提的，即车速高于60km/h。当车速较快时，发生碰撞的风险高、损失大，因此DMS系统会自动开启，但当满足以下条件时，DMS系统会自动回归初始状态：

- 车辆熄火；
- 安全带解开或车门打开；
- 车辆停车一段时间后。

以上情况出现，意味着驾驶状态暂停，或驾驶员的躯体有移动，也就没有了疲劳驾驶风险。还有一种情况，当车速长时间低于60km/h时，系统也会回归初始状态，当车速再次超过60km/h后，系统重新开始监测。

## 6.2.3 智能座椅控制系统设计

（1）智能座椅控制系统

智能座椅控制系统拥有判断是否基于检测到的驾驶员的疲劳特征开启DMS系统的能力。当智能座椅控制系统判断驾驶员的疲劳特征明显后，会开始上述的疲劳驾驶评估流程，若判断疲劳驾驶行为发生，则向座椅传输指令，控制座椅调整形态，同时通过声音、振动等信号示警。

① 智能座椅控制系统的要求。

a.动态过程平稳：系统的稳定性必须能够得到保证，为了做到这一点，就要在系统安装时设计好电路集成方式，让信息拥有最佳的传输路径。智能座椅控制系统会联合整车处理器，由整车处理器将信息收集分析后，分发给智能座椅控制系统，若疲劳值水平高，智能座椅会快速向座椅发出指令，进行座椅高低、前后、角度的微调，并开始振动。

b. 精确性：系统必须保证做出的指令足够精确，且车辆的每一个行为也是准确的，而车辆驾驶员在疲劳状态下做出的每一个操作都有失控的可能。这就要求智能座椅控制系统收发、分析、处理数据的每一个环节都必须十分精确。因此，开发者在设计系统时就必须经过大量的计算、检验，完善算法，还要确定实际的误差区间，设计其他保险机制。

c. 快速性：简单来说，疲劳驾驶时事故发生的几个环节是进入疲劳状态—注意力分散—反应力下降—操作失误或延迟—发生事故，而车辆的智能座椅控制系统就是介入操作失误或延迟这个环节，降低事故发生风险的，为了让驾驶员更快地做出正确的操作，智能座椅控制系统必须加快监测、判断和唤醒的速度。

② 智能座椅控制系统的组成。智能座椅控制系统大致有传感器、处理器和执行器三个组成单元。其中，传感器包括疲劳传感器和车速传感器，处理器即数字信号处理芯片，执行器是座椅的振动装置，当振动装置触发后，车辆还会采取制动减速、调节座椅形态等措施，如图 6-7 所示。

③ 自动调节适合驾驶人坐姿的控制原理。智能座椅的腰托、腿托、坐垫等每一个可以运动的组成部分都是通过电机推动的，推动多个部件的电机都是由同一个 DSP 芯片控制的，而 DSP 控制电机工作时，会先与控制单元建立通信，接收控制单元处理后传递的各传感器的信息，DSP 芯片据此对电机发出指令，调整各部件的位置、角度，通过这样的方式改变驾驶员的坐姿。

（2）车内座椅振动系统

车辆的座椅振动系统主要用于唤醒驾驶员，该系统一般通过座椅振动装置达到运行目的。座椅振动装置安装在发泡下 1 ~ 2cm 处，组成部分有动力源和电磁阀，其中，动力源与车辆的供气装置连接，供气装置供给压缩空气推动座椅。通过使用 GYGE 碰撞试验的原理，座椅振动系统可以实现高速振动，唤醒驾驶员。进入工作状态时，座椅振动系统的结构如图 6-8 所示。

座椅振动系统工作时正常是处于预警工作状态的，如图 6-8 所示，右下角的单刀双掷开关位于 a 上，电流不经过常开电磁阀，而是与控制单元、常闭电磁阀形成回路。供气装置的压缩空气通过常开电磁阀，经过调压阀，进入右气室，这时压缩空气和外界空气通过端盖上的透气孔连通，因此，压缩空气的气压与外界空气相同，弹簧受力平衡而静止。

当 DMS 系统的控制单元将驾驶员处于疲劳状态的信息传递给座椅振动系统时，

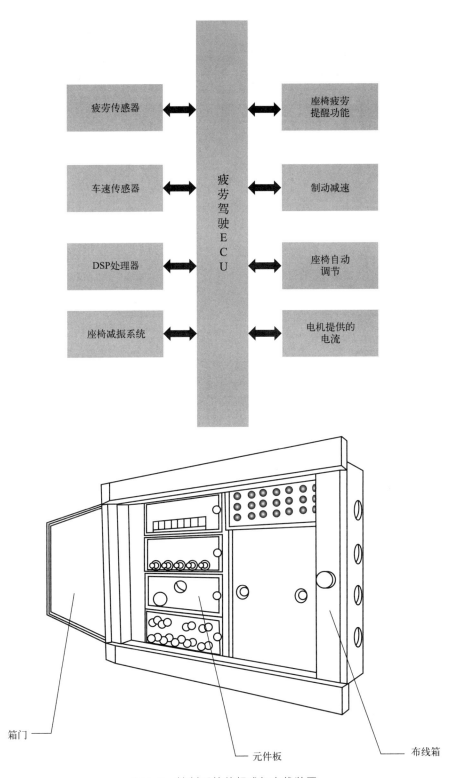

图 6-7 控制系统的组成与布线装置

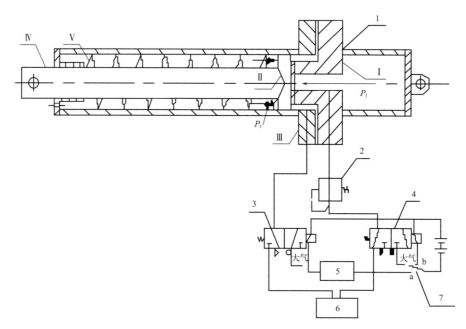

图 6-8　座椅振动系统的结构

1—驱动机构；2—调压阀；3—两位三通常闭电磁阀；

4—两位三通常开电磁阀；5—中央控制单元；6—制动气源；7—延时电路；

Ⅰ—右端盖；Ⅱ—活塞；Ⅲ—左端盖；Ⅳ—活塞杆；Ⅴ—弹簧

座椅振动系统会根据疲劳程度决定是否进行振动，如果不振动，座椅振动系统的控制单元就会拦截信息，如果要振动座椅，振动装置就会从预警工作状态进入触发工作状态，常闭电磁阀进入得电状态，供气装置中的压缩空气进入活塞和端盖中间的腔室，活塞向左运动，左侧的受力面积变大，气压减小。因此，活塞左右受力不均，会因压力弹射出去，完成座椅振动的第一个步骤。

活塞弹射到底后，座椅振动系统的控制单元将会检测到活塞的状态，座椅振动系统转为回位模式，单刀双掷开关位于 b 上，常闭电磁阀失电，常开电磁阀进入得电状态，此时，右气室与大气连通，气压为大气压，而活塞运动到顶点后，会因弹簧形变而产生回弹力，活塞会最终回位。

通过重复以上几个步骤，振动装置会不停在触发与回位之间切换，弹簧控制活塞来回不停运动，座椅不断被推拉，实现振动功能。

## 6.2.4　智能座椅的调节与控制

智能座椅主要通过侦测驾驶员的各项生理指标，获取驾驶员的生理信息，如脑电波或心脏、眼部、肌肉等的信息。由于采用外接设备侵入式地获取信息，对各项识别功能的利用程度更高，获取的信息也更加全面、精确。相关传感器收集疲劳信息后，将信息输送给整车控制器，由整车控制器控制座椅进行唤醒、示警等操作。

车辆对疲劳驾驶的调节主要体现在速度的控制、车辆控制权的转移上，其控制过程总结来说就是根据两次信号执行不同的策略，以不同程度地提醒驾驶员。

（1）智能座椅首次接收信号输入

当运行中的 DMS 系统检测到驾驶员处于疲劳驾驶状态时，会将信息传输给智能座椅的控制单元，此时称为第一次信号输入。智能座椅上的振动装置就会不断在触发工作状态与回位状态之间切换，产生振动。在振动持续一段时间后，驾驶员可能会脱离疲劳状态，座椅内的传感器会全程监督驾驶员的生理指标，确定其驾驶状态，整个过程如图 6-9 所示。

图 6-9　座椅首次信号传入过程

（2）智能座椅第二次或多次接收信号输入

监测一段时间后，DMS 系统会将第二次监测的结果传输给智能座椅的控制单元，若经过加权计算，驾驶员的疲劳值比第一次信号传输时有所降低，且位于预设标准之下，智能座椅的控制单元会操纵活塞回位，停止座椅的振动，这个过程如图6-10 所示。

图 6-10　疲劳值降低时座椅的控制过程

但如果第二次输入的信号显示驾驶员的疲劳值仍居高不下，或比第一次传输信号时有所升高，控制单元就会操控座椅振动装置加强座椅振动幅度。这时虽然振动幅度较大，可能会妨碍驾驶员的顺利驾驶，但由于驾驶员本就不处于良好的驾驶状态，当务之急是先将驾驶员唤醒。控制单元也会通知整车控制器和自适应巡航等系统，优先接管车辆的控制权。

在 DMS 的持续监测中，如果驾驶员的疲劳值降低至预设标准之下，座椅的振动以及声音等形式的示警都会逐渐停止。在这一方面，清醒这一概念因人而异，通过生理指标可能无法完全界定，如果认为自己已经清醒，但警报未停止，振动程度还在加大，驾驶员可以自行关闭。前面提到，DMS 系统在车辆回归安全行驶状态后就会停止监测，但如果驾驶员是自行关闭示警，监测就不会停止，以防对于清醒的判断错误，或驾驶员再次进入疲劳驾驶状态。第二次及多次的信号输入，与座椅的控制过程如图 6-11 所示。

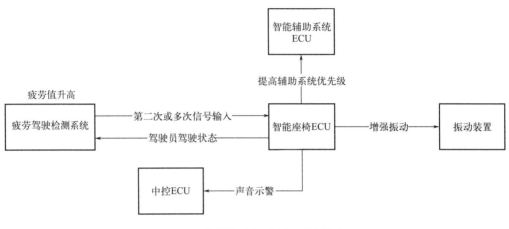

图 6-11    疲劳值升高时座椅的控制过程

## 6.2.5    智能座椅技术发展趋势

新材料的研发与应用让汽车向着更加轻量化的方向发展，新的工艺设计让各种装置与人体的契合度越来越高、各种软硬件让整车系统的功能越来越丰富，智能汽车已经成为了集安全、智能、舒适于一体的驾乘工具，人们对于汽车各方面的要求却还在提高。于是，智能座椅也需要应用各种更先进的技术，实现更高的智能化水平。

（1）座椅安全性技术

安全气囊是汽车最重要的保护装置之一，在事故发生时，能迅速弹出并膨胀，为驾驶员提供缓冲。安全气囊被安装在方向盘内，由于目前的车辆样式还未脱离传统范畴，大多数汽车都是朝向车辆行驶方向的四座设计，因此安全气囊可以提供保护作用。但随着未来科技的进一步发展，汽车的样式将变得越来越新颖，到那时，汽车将不分前后排，或前后排可拆装、调换，甚至座椅会朝向不同的方向，安全气囊也将不再适用，而是需要在更大范围内，即在乘员的周围安装类似的保护装置。

一种新型的座舱样式和安全气囊设计方案如图 6-12 所示，通过将气囊布设在更大的范围内，扩大了气囊的保护区域，让气囊可以从各个方向承载乘员，大大降低了各种类型事故的潜在风险。当前排座椅旋转后面向后方时，若发生事故，安装在安全带上的气囊会迅速充气，包裹住乘员的胸腹，将其固定在座位上，尽可能减少水平位移，达到减振、避免乘员之间的碰撞的目的。

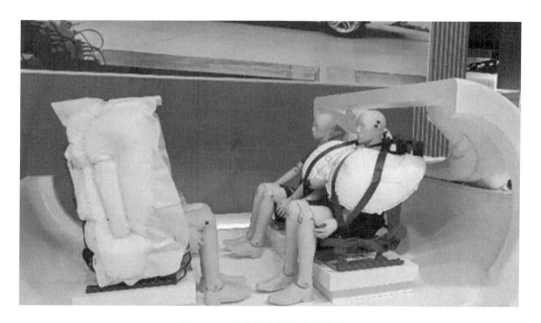

图 6-12　某公司座舱安全解决方案

（2）乘员安全监控技术

现有的大多数座椅安全技术的思路都是在危险状态下触发，保护乘员的安全。在车速较快的情况下，若等到事故发生才启动应急保护机制，安全装置就需要迅速反应，这其实本身就有一定的危险性，如安全气囊迅速弹出，就容易对乘员造成二次伤害；有些车速较慢的案例，单纯的机械碰撞本来不会引发伤害，但驾驶员却被弹出的安全气囊撞伤。乘员安全监控技术能够有效地监控乘员的状态，评估其安全性，并随时对安全装置做出调整。如图 6-13 所示，车内的摄像头与传感器持续监控乘员的姿势、位置，预测若此时发生碰撞，乘员的运动轨迹如何。在这种安全方案下，车辆能够不断调整安全气囊的弹出方式，不但可以避免发生安全气囊距离过近使乘员受伤的情况，还能防止安全气囊过远保护效果差。如此，通过技术手段赋予了安全装置一定的调节能力，便于应对乘客处于不同位置、姿势时的突发状况，让驾乘更安全、更可控。

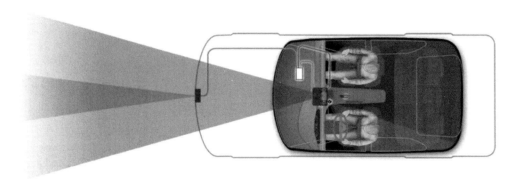

图 6-13    乘员安全监控技术示意图

（3）座椅舒适性技术

如今的汽车座椅，其舒适性主要体现在材料与附带的各种功能上。但智能座椅的各种发展却没有脱离传统汽车形成的框架，各种部件的添加、设计的创新只是在原有框架上做一些微小的改动，单一的思路也限制了智能座椅的多样化发展。在座椅的舒适度方面，需要考虑以后智能座舱的发展方向，在此基础上做出更多颠覆性的尝试，在未来的整车环境中实现乘员对智能座椅随心所欲的控制，这是提高座椅舒适性的关键。

（4）座椅灵活性设计

座椅的灵活性同样也可以看作舒适性的一部分，因为灵活的设计能够提高座椅的自由度，让乘员拥有更多的驾乘选择。随着整车技术的更新，势必会有辅助不同方向、位置、倾斜角度驾驶的功能安装到车辆中，届时，智能座椅的调节不但不会成为驾驶的阻碍，甚至还会给驾乘人员带来更独特的驾驶体验。例如在驾驶过程中打开自适应巡航，将座椅围成一圈，在车辆行驶的同时，还能进行会议或娱乐活动，车辆将不再是传统的代步工具，而是一个移动的多功能平台。

（5）材料轻量化

座椅的绝大部分重量都集中在座椅的骨架上，而座椅的骨架一般只起支撑和容纳作用，不存在智能化，也没有必要的部件，只要在不影响结构强度的前提下使用密度更轻的材料，就能实现座椅重量的降低，更方便调节座椅，且能够提高车辆性能。

高强钢的强度较高，生产工艺也比较成熟，因此被广泛应用于座椅骨架的量产中。由于这种材料的强度很高，无须达到与普通钢材相同的厚度，便可以起到同等的支撑作用。而高强度合金钢的密度并不比普通钢材低，因此，其减重幅度并不是非常明显。但材料技术即将迎来突破，高强度且低密度的碳纤维材料会逐渐被引入汽车生产中。碳纤维融入树脂、陶瓷等材料中可制成碳纤维复合材料（CFRP），其强度超过了现有的所有材料，还具有一定的拉伸性能，十分耐用，更适合用来制作车辆骨架。

（6）结构轻量化

实现座椅结构的轻量化能够帮助座椅在现有材料的条件下，进一步减轻重量。结构轻量化有两种实现方式，一种是尺寸优化，即改变各部件的尺寸，削减钢板的厚度或改变截面形状，减少使用的材料的体积，同时还能达到与原设计方案同等的支撑效果，而不改变原结构的强度；另一种是拓扑优化，指的是在一定体积的钢板上添加更多的空间，改变密度分布，更合理地分配空间，并用来安置其他设备、装置。

另外，座椅内的一些装置、系统同样是座椅重量的一部分，座椅的结构与材料减重到一定程度后，也可以考虑对座椅内的这些零部件进行优化。如图 6-14 所示，这款电动座椅中只有一个电机，依靠一个电机就能实现全部的功能，这得益于使用一种微传动系统进行电动调节，这项技术还被应用于滑轨、按摩座椅装置中，这些都可以减少座椅的硬件数量，既降低了质量，又节约了成本。

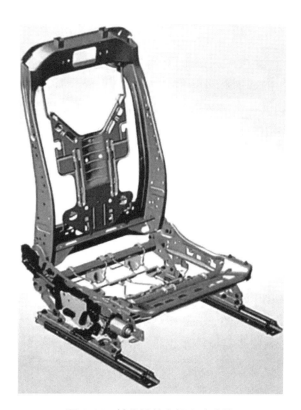

图 6-14　某公司单电机电动座椅

（7）座椅智能化技术

座椅的智能化水平与舒适度、安全度一样，也是评价座椅性能的一个标准，智能化更是未来座椅的重要发展方向。座椅将不再是以支撑作用为主的汽车部件，而是一个包含各种功能，装载各种系统，能够满足消费者各种需求，集收集信息、调节座舱环境、深度学习优化于一身的集成化工具。

（8）智能调节技术

使用智能调节技术，能够收集乘员的身高、体重、肩宽、胯宽、骨架大小等身材信息，然后让智能座椅自动调节至符合该乘员身材特征的最适形状，甚至能够储存该乘员的虹膜、指纹等信息，以便座椅在下次乘车时识别出来，及时调整座椅至预设状态。在未来的整车环境中，要求座椅能够及时响应乘员的需求，将车内座椅调节为目标样式，还能运用算法分析每位乘员的偏好及习惯，以便提供更多的拓展服务。

（9）健康感知技术

健康感知技术是指使用车载传感器实时收集乘员的身体数据，记录心率、体温、呼吸深度等，明确乘员属于哪种负面状态，及时做出相应调整，如对于晕车的乘员，由座椅控制单元向整车处理器发出信号打开车窗通风；疲劳状态的乘员需要座椅进行加热按摩缓解疲劳；检测到瞳孔有一定的放大，可能说明环境亮度不足，致使驾驶员看不清路况，车辆就会打开车内光照；如果乘员长时间未移动躯体，可能会导致肌肉僵硬，这时车辆不仅会开启座椅的按摩功能，还会微调座椅的方向、位置，让乘员有更大的活动空间，以活动身体，促进血液循环。这些只是一些基本的指标，随着座椅功能的拓展，传感器还会检测乘员的体脂率、骨骼含盐量、骨密度、血压等涉及身体健康状况的指标，座椅的健康监测系统会让座椅成为一个移动的健康中心，不只在乘用时发挥作用，还会将健康数据传输到云端，供用户浏览、对照，时刻监督自身的健康状况。

这也是整个智能座椅的未来发展方向，不再是单纯的支撑作用，其使用也不局限于驾车的时间和座舱的空间，而是连接到云端，与电脑、手机、平板等移动设备一样，用于收集、储存、查看信息。智能座椅是智能座舱极其重要的组成部分之一，对于驾驶员来说，中控台可以操控车辆的各个部分，但对于其他乘员来说，贴合度更高的座椅更适合用来操控座舱中的各个系统。因此，智能座椅可能会逐渐与中控台共享一些控制权限，智能汽车也将逐渐成为可用于工作、学习的高度网络化的一体化移动设施。

# 6.3 智能座舱抽烟自动通风系统设计

## 6.3.1 抽烟自动通风系统构成

智能座舱中的抽烟自动通风系统能够在感应到车内有人抽烟时自动打开车窗、天窗和负离子，并自动对空调的挡位和模式等进行调控，确保车内空气清新，从而为车辆的驾乘人员提供舒适的乘车环境。

从构成上来看，抽烟自动通风系统主要包含驾驶员监控系统（driver monitoring systems，DMS）、信息娱乐系统（in-vehicle infotainment，IVI）、集成式车身控制模块（integrated body control module，IBCM）、天窗模块（roof module，RM）、车门控制模块（door control module，DCM）、空调控制模块（heating, ventilation and air conditioning，HVAC）和底盘制动控制系统（combination braking system，BCS）等多个组成部分。

具体来说，抽烟自动通风系统架构图如图 6-15 所示。

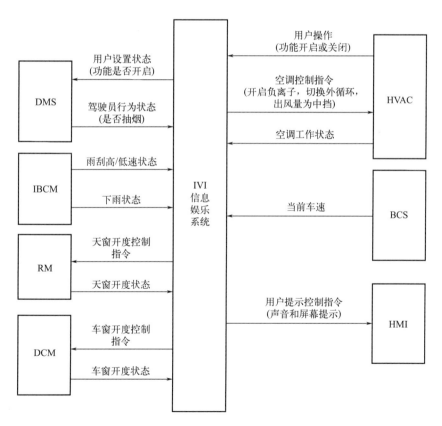

图 6-15　抽烟自动通风系统架构图

（1）DMS 系统的交互控制逻辑

DMS 可以利用装配于车辆驾驶舱内部的摄像头来获取图像信息，并据此实现对驾驶员动作的实时监控，在发现驾驶员出现吸烟行为时，将该信息传输到 IVI 中，以便 IVI 及时针对驾驶员吸烟行为做出相应的反应，进而达到抽烟通风和净化空气的效果，为车辆驾乘人员提供更加舒适的环境。具体来说，DMS 系统的交互控制逻辑如图 6-16 所示。

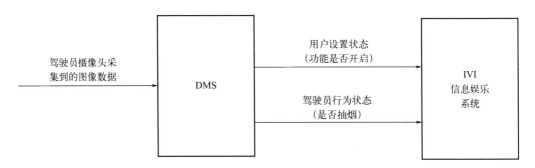

图 6-16　DMS 系统的交互控制逻辑

从实际操作上来看，IVI 可以在接收到驾驶员吸烟信息时开启抽烟通风功能，并在下雨状态信号为 0、雨刮未处于高 / 低速挡且低于 60km/h 的情况下开启抽烟自动通风功能。具体来说，当车辆开启抽烟自动通风功能时，天窗状态将会自动切换到起翘状态，车窗位置将会下降到 20% 处，同时也会启动空调负离子、等离子，并将空调状态切换到外循环状态，空调风量调整为中挡。

（2）集成式车身控制模块 IBCM 系统交互控制逻辑

IBCM 可以接收来源于雨量光线传感器的雨量状态信号和雨量开关挡位信号，并将这些信号传输到 IVI 中，IVI 可以根据这些信号中所传达的信息来对当前的天气情况进行判断，在发现下雨状态信号超过 1，或雨刮器处于高 / 低速挡时，保持抽烟通风功能为关闭状态，在发现雨量信号为 0 且雨刮器并未处于高 / 低速挡时，开启抽烟通风功能，调节天窗、车窗和空调的状态。具体来说，IBCM 系统的交互控制逻辑图如图 6-17 所示。

（3）天窗模块 RM 的交互控制逻辑

RM 可以根据来源于 IVI 的开度控制指令对天窗开度进行调节，并向信息娱乐系统反馈天窗开度信息。从实际操作上来看，RM 要先判断天窗的状态，并在天窗处于关闭状态时执行起翘动作，在天窗处于其他状态时，不再对天窗状态进行调整。IBCM 可以感知天窗在用户吸烟时的变化情况，但并不会在用户停止吸烟时控制天窗恢复原先的状态。具体来说，天窗模块 RM 的交互控制逻辑图如图 6-18 所示。

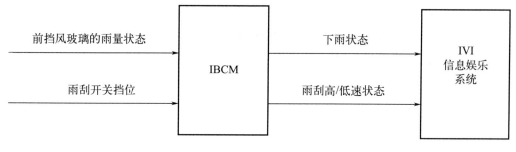

图 6-17 IBCM 系统的交互控制逻辑图

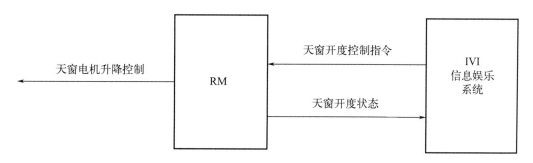

图 6-18 天窗模块 RM 的交互控制逻辑图

（4）车门控制模块 DCM 交互控制逻辑

DCM 可以根据来源于 IVI 的车窗开度指令对车窗开度进行调节，并向 IVI 反馈车窗开度信息。一般来说，DCM 会在监测到驾驶员吸烟时将车窗的开度调整到 20%，并在发现用户在抽烟过程中对车窗开度进行调整时，将用户调整出的车窗开度作为最终的车窗开度，即便监测到驾驶员已经结束吸烟行为也不会再改变车窗开度，在其他工况下，DCM 则会关闭车窗。具体来说，车门控制模块 DCM 交互控制逻辑如图 6-19 所示。

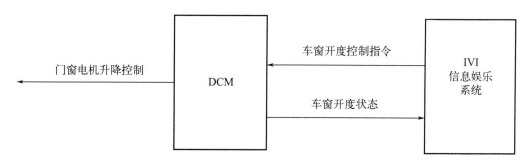

图 6-19 车门控制模块 DCM 交互控制逻辑

（5）空调控制模块 HVAC 交互控制逻辑

HVAC 可以执行 IVI 发出的空调控制指令，完成开启空调负离子、将空调模式切换为外循环模式和将出风量调为中挡等操作，并向 IVI 反馈当前的内外循环进气模式、离子发生器工作状态等空调工作状态信息，以便 IVI 根据这些信息来判断通风换气之前的车舱内部状态，了解驾驶员吸烟过程中的用户操作情况。具体来说，空调控制模块 HVAC 交互控制逻辑如图 6-20 所示。

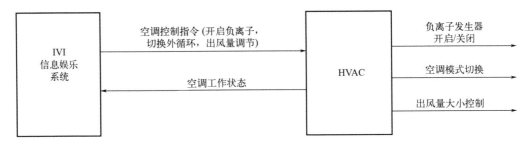

图 6-20 空调控制模块 HVAC 交互控制逻辑

从实际操作上来看，HVAC 会在监测到驾驶员正在吸烟，且抽烟前离子模式和风量均处于关闭状态时开启离子模式，并将风量调整到中挡，也会在监测到驾驶员停止吸烟时关闭离子模式和风量。

（6）底盘制动系统 BCS

BCS 可以采集车轮转速信号，并将其处理成车速信号，再将经过处理的车速信号传输到 IVI 中，以便 IVI 根据车速信号中所传达的信息来为车辆驾乘人员提供相应的服务。

（7）信息显示 HMI 系统

HMI 可以接收来源于 IVI 的用户提示控制指令，并在此基础上主动对外发送声音提示信息和屏幕提示信息，为车辆驾驶员提供更加舒适的驾车体验。

## 6.3.2 抽烟自动通风的整体控制逻辑

抽烟自动通风的整体控制逻辑主要体现在 HVAC 的交互控制方面，具体来说，空调控制模块 HVAC 交互控制逻辑如图 6-21 所示。

当用户开启"抽烟自动通风"功能时，IVI 会向 DMS 传输来源于用户的开启指令，DMS 则会向 IVI 传输驾驶员的行为状态信息，当 IVI 认定驾驶员处于吸烟状态，且当前的车速低于 60km/h、雨量小于 1 或雨刮挡位处于高/低速挡时，则会开启自动通风功能，通过及时通风来确保车舱内空气清新，从而为车辆驾乘人员提供舒适的乘车环境。

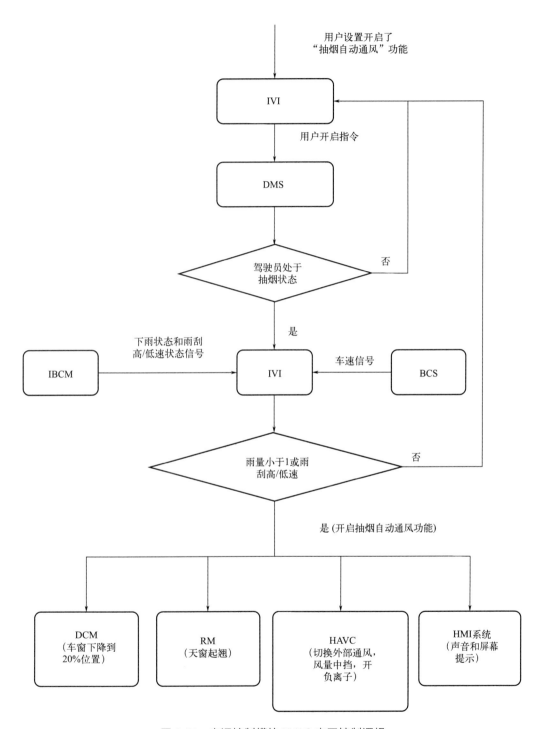

图 6-21 空调控制模块 HVAC 交互控制逻辑

- 抽烟自动通风功能打开时，DCM 会将处于完全关闭状态的车窗位置调整到 20% 处，未处于关闭状态的车窗则继续维持原样。

- 抽烟自动通风功能打开时，RM 会将处于完全关闭状态的天窗调整到起翘状态，未处于关闭状态的天窗则继续维持原样。

- 抽烟自动通风功能打开时，HVAC 会调整空调状态，打开负离子，切换空调外循环，将出风量调整为中挡，并向 IVI 传输空调工作状态信息。

- 抽烟通风功能打开时，HMI 会主动向车辆驾驶员发送声音提示信息和屏幕提示信息，进一步提高智能座舱的舒适度。

第 **7** 章

# 智能座舱测评方法

# 7.1 面向产品性能的测试与评价

## 7.1.1 智能座舱评测思路与框架

智能座舱的综合评价应该做到多方面考量，不仅要从产品的角度来评价其功能服务的先进性，还要从用户的角度来评价座舱体验的满意度。注重技术引领和应用规范，从驾乘人员、座舱产品、交互过程以及环境，即人 - 机 - 环境角度来对其进行评价。

不同的评价角度要采用不同的评价方法，在用户体验评价方面，可采用主客观测试相结合的方法，如问卷、心理量表等主观评价方法；行为分析、眼动分析等客观测试方法；在产品功能评价方面可采用客观测试方法。

（1）智能座舱综合评价的一级指标

智能座舱综合评价的一级指标主要包含安全、智能、愉悦和高效，主要是根据人 - 机 - 环境系统的组成要素来划分的。其中，智能与安全这两个指标是用来评价智能座舱产品先进性的，所对应的系统组成部分是座舱产品和广义环境；愉悦和高效指标是用来评价用户体验的，所对应的系统组成部分是驾乘人员和交互过程。智能座舱综合评价的整体思路如图 7-1 所示。

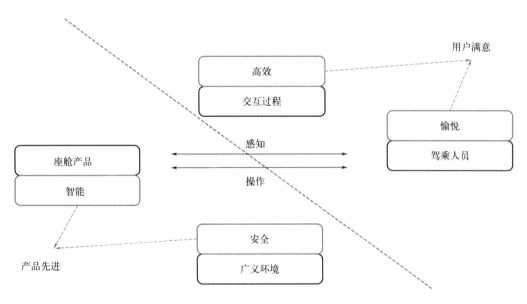

图 7-1　智能座舱综合评价整体思路

（2）智能座舱综合评价二级指标

智能座舱综合评价的二级指标是在一级指标的基础上进行划分的，划分的依据是智能座舱分级的网联服务、人机交互以及场景拓展能力。在高效和愉悦这两个用户体验角度的一级指标下，划分了操作绩效、感官绩效、舒适和满意的二级指标。

智能座舱综合评价三级指标是在二级指标的基础上按照可测量、可扩展的思路来划分的，例如，在感官绩效这一二级指标下划分了易感知、易理解、易学习等多个三级指标。智能座舱综合评价指标的四象限架构如图 7-2 所示。

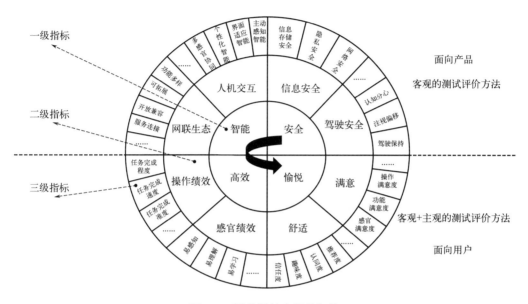

图 7-2 四象限综合评价架构

这一综合评价框架体系在评价整个智能座舱时会存在部分指标的交叉验证情况，即指标间没有做到完全互斥，其三级及以下指标也保持了开放性，目的是方便后续的迭代升级。值得注意的一点是综合评价与分级是两个独立的任务，不可混淆，同时综合评价所测评的是近期的产品研发需求，而不是对座舱分级的测评。

2023 年 5 月中国汽车工程学会发布了《汽车智能座舱分级与综合评价白皮书》，该项研究是全球首次对汽车智能座舱进行分级和综合评价，其所提出的智能座舱综合评价框架体系就是上述所介绍的内容，该体系有助于指引我国智能座舱行业产品的研发与应用，同时对世界汽车智能座舱领域的创新与发展也颇具参考意义。

## 7.1.2 基于安全维度的评价指标

驾驶安全与信息安全是评价汽车智能座舱安全的两个重要维度。驾驶安全主要指驾驶人员能够在进行驾驶主任务与座舱交互次任务时做到精力集中，保证行车安全；信息安全主要指汽车智能座舱芯片所需要保障的数据安全性。基于安全维度的评价指标如表 7-1 所示。

表7-1　安全维度评价指标

| 一级指标 | 二级指标 | 三级指标 | 指标示例 | 指标解释 | 主客观测评方法 |
|---|---|---|---|---|---|
| 安全 | 驾驶安全 | 驾驶保持 | 车速保持、车道保持 | 用户在完成交互任务的过程中，能够维持完成五次驾驶任务时，相同或者相近的车速与车道的能力 | 客观 |
| | | 注视偏移 | 偏移时间、偏移幅度 | 注视偏移是指用户在使用某种交互模态操作某个交互功能的全过程中，视线离开前方道路的时间和幅度 | 客观 |
| | | 认知分心 | 瞳孔直径 | 认知分心是由于认知次任务引起的意识离开路面，导致用户对环境感知能力下降的过程 | 客观 |
| | | 操作分心 | 操作频率 | 操作分心是由于操作次任务引起的手脚资源占用，导致驾驶员对环境感知能力下降的程度 | 主观＋客观 |
| | 信息安全 | 网络安全 | 安全等级、试验通过率 | 保护关键系统和敏感信息在网络层面免遭数字攻击，使其连续可靠正常运行的能力 | 客观 |
| | | 隐私安全 | 身份隐私、位置隐私 | 系统防止攻击者获取用户的身份隐私和位置隐私信息的能力 | 客观 |
| | | 信息存储安全 | 存储信息加密、身份认证和访问控制 | 保护数据不被篡改，非法增删、复制、解密、显示、使用等 | 客观 |

　　驾驶安全这一评价指标在座舱交互系统评价中比较特殊，因为它并不是仅评价座舱交互系统本身，还要评价其辅助驾驶人员完成驾驶任务的过程中对驾驶主任务产生的影响。所以对于座舱交互系统来说，其设计与评价所面对的困难是同一个，即协调好驾驶主次任务间的关系。

　　（1）驾驶安全

　　驾驶安全主要涉及驾驶保持、注视偏移、认知分心、操作分心。其中，驾驶保持是最为直接的驾驶安全评价指标，其余的则是影响驾驶安全的主要因素。

　　① 驾驶保持。驾驶保持能够直接反映驾驶安全，主要指驾驶人员在进行交互任务时，可以达到没有次任务时保持车速或车道的能力，能够做到横纵方向均可保持车辆稳定行驶。

　　② 注视偏移。注视偏移包括注视的偏移幅度和偏移时间，主要指用户在与系统进行交互过程中视线离开前方道路的幅度与时间。

　　③ 认知分心。认知分心可由瞳孔直径变化与主观负荷两个指标来进行评价，主要指认知次任务造成的用户注意力分散，从而对环境感知能力减弱的过程。

　　④ 操作分心。操作分心可由用户操作完成次任务的频率来评价，主要指次任务对手脚资源占用造成的驾驶人员对环境感知能力减弱的程度。

　　（2）信息安全

　　信息安全评价这一指标主要包括以下三方面。

　　① 网络安全。网络信息安全保护主要包括车联网络、车载网络、车云网络以及数据网络四个方面，其核心是保护敏感信息和重要系统的安全，使其可以持续正常运行，避免受到各类数字攻击。目前，信息泄露、篡改攻击、身份仿冒等网络安全威胁依然存在，所以智能座舱应采用有效方式来保障网络数据的机密性、时效性、完整性以及身份真实性等。

　　② 隐私安全。车辆牌照、驾驶员姓名、车辆行驶路径、行驶速度和当前位置等信息涉及用户的身份隐私和位置隐私。隐私安全主要指智能座舱系统对汽车用户隐私信息的保护能力。

　　③ 信息存储安全。信息存储安全主要指信息在传输、处理、储存过程中的完整性、真实性、机密性、可用性、可靠性、不可抵赖性等特点。信息存储安全主要包含信息加密、身份认证与访问控制等。

## 7.1.3　基于智能维度的评价指标

　　智能维度的二级评价指标包含人机交互和网联生态两个指标，其评价依据是智能座舱的能力分级。基于智能维度的评价指标表 7-2 所示。

表7-2 基于智能维度的评价指标

| 一级指标 | 二级指标 | 三级指标 | 指标示例 | 指标解释 | 主客观测评方法 |
|---|---|---|---|---|---|
| 智能 | 人机交互 | 主动感知智能 | DMS、方向盘、语音识别、Face ID、行为状态评估 | 系统能够主动准确地识别和预测用户的行为状态 | 客观 |
| | | 界面适应智能 | 显示屏、HUD、智能大灯、智能表面、全息投影、座椅自适应移动、驾驶模式切换、空间环境调节 | 人机交互系统中的交互界面能针对车内场景进行匹配与优化 | 客观 |
| | | 个性化智能 | 主动服务、信息推送、导航语音自定义 | 系统根据不同用户特征，在感知用户不同行为的状态下，为不同用户的不同行为提供所需功能，支持用户个性化情感化服务的能力 | 客观 |
| | | 多感官协同 | 温度调节/可视化、音乐媒体播放…… | 智能座舱在同一任务中调动协同（且没有明显割裂感）的感官类型丰富度 | 客观 |
| | 网联生态 | 功能多样 | 车机主流应用覆盖数量、应用商店品类完整度 | 车机系统能覆盖完备的应用品类和主流应用 | 客观 |
| | | 可拓展 | 系统中应用更新频率、OTA 升级能力 | 系统中应用的内容与 OTA 更新 | 客观 |

续表

| 一级指标 | 二级指标 | 三级指标 | 指标示例 | 指标解释 | 主客观测评方法 |
|---|---|---|---|---|---|
| 智能 | 网联生态 | 开放兼容 | 第三方应用接入 | 座舱系统能为外部应用的接入提供便利 | 客观 |
| | | 服务连接 | 无感连接、多设备互联、设备间无缝流转、车家互联 | 座舱中各功能应用之间的交互性以及座舱内外个人设备之间的可交互性和响应能力 | 客观 |

（1）人机交互

人机交互评价指标主要包括以下四个方面。

① 主动感知智能。主要指方向盘、语音识别、面容 ID 等系统可以按照实际用车情况主动与驾驶员进行交互的能力。

② 界面适应智能。主要指智能座舱的人机交互系统可以根据车内场景的变化来匹配和优化交互界面，例如座舱内的用户界面设计风格和显示屏等。

③ 个性化智能。主要指系统按照不同的驾驶人员的特点，为其提供导航语音自定义、舱内信息推送等符合用户需要的功能和服务的能力。

④ 多感官协同。主要指系统在一个任务中可以调动的感官类型的丰富度，例如通过视听媒体播放来调动眼睛、耳朵等。多感官协同将汽车座舱智能化推向了更高标准，未来智能座舱的发展将会更加注重真实视觉与虚拟视觉效果的结合。

（2）网联生态

网联生态评价指标主要涉及以下四个方面的内容。

① 功能多样。主要指完备的应用品类与主流应用可以被车机系统完全覆盖。

② 可拓展。主要指 OTA（over-the-air technology，空中下载技术）的升级能力和系统中应用内容的更新频率等。

③ 开放兼容。主要指智能座舱系统可以为外部应用接入提供方便，例如是否为第三方的接入配备相应的端口。

④ 服务连接。主要指座舱整体方案的融合性和内部各项功能应用间的交互，涉及舱内外的方方面面，如舱内应用连接与外部服务范围的深度与广度等，这些服

务连接直接关系到驾驶时舱内导航的流转性、用户设备互联的流畅性、各设备的无缝流转，以及车家互联等用户体验。

（3）参考性评价指标

除了以上两个重要的评价指标，还有部分关键配置对于智能座舱有着重要影响，将其列为参考性评价指标，具体内容如下：

① 电子电气架构。按照座舱电子电气架构集中化程度，可以将其分为分布式架构、域控制器架构、域融合控制器架构、中央控制器架构、车 - 云融合架构，它是智能座舱中很重要的一个硬件指标。

② 云平台赋能。主要指通过其他分布式设备为智能座舱提供多个网络服务平台，可以实现驾驶数据的远程处理，这一参考性评价指标还可以结合云平台通信数据量级的有无来完成相关评价。

③ 操作系统。主要指管理与控制车辆软硬件资源的车用操作系统，可依据其稳定性、开放性、兼容性等进行评价。

④ 运算能力。主要指座舱软硬件的算力，具体可用芯片算力进行量化。

⑤ V2X。全称为 vehicle to everything，车用无线通信技术是否具有稳定性、低时延等特点也是重要的参考评价指标，对于这一项的评价可以根据驾驶信息时延、通信稳定性等方面进行考量。

## 7.1.4　面向产品的测试评价方法

在智能座舱产品性能方面，主要采用客观测试的评价方法，这类方法可以将测试结果进行量化，量化之后的分数对比可以更加清晰直观地展现不同产品的特点。现阶段智能座舱的客观测试评价方法主要有三种，如图 7-3 所示。

图 7-3　智能座舱的客观测试评价方法

（1）静态测试

静态测试的评价方法不需要驾驶人员进行驾驶活动，主要在车辆静止且车机系统运行时对其进行测试，这是因为智能座舱的大多数功能均可在车辆静止状态下正常使用。进行静态测试需要使用专业相机等专业的测试设备，也需要各方面素质较高的测试人员，其目的是提高测试效率、降低测试成本以及保证测试结果的标准化程度。

在静态测试的过程中要注意程序的规范性，例如测试座舱的语音交互能力时，要做到运用合规的人工声源，准确连续地发出语音指令，尽可能地防止由于人为产生的误差；测试触屏功能时，使用仿真机械手进行标准、重复测试，可以通过编写程序达成某部分的自动化，以此来优化测试流程。

（2）实车模拟驾驶平台测试

实车模拟驾驶平台测试主要包括驾驶仿真系统、数据采集系统、视听仿真系统、实验系统接口、测评管理系统等，是一个只针对驾驶任务的测试方法。该测试方法可以在模拟的驾驶环境里设计各类标准化事件与任务，之后经由计算机来精准触发，与自然驾驶相比，其可以避免事件发生的随机性和未知的安全隐患，可以做到全面且高效地测试车辆的人机交互系统。

在这种测试方法涉及的模拟驾驶环境中，环境变量可控，这样能够有效避免自然驾驶的实路测试中路面凹凸不平、阳光照射角度等对测试人员造成的潜在干扰。该测试方法不仅可以实时采集大量的驾驶行为数据，还很好地考虑到了真实车辆人机交互的设计与布局，其主要评价操作安全指标，通过综合交叉分析测试人员的交互行为数据和驾驶行为数据来得出最终的综合评价结果。

（3）实际道路测试

实际道路测试主要用来测试智能座舱中那些需要在车辆行驶过程中才可以实现的部分功能，如导航类任务、驾驶辅助类任务、语音交互、驾驶员检测等，通过车辆在规定的实际道路上行驶过程中系统的功能与表现来对其进行评价。近年来，智能座舱不断朝着具有商业价值的方向发展，座舱中开始出现了到达目的地自动推荐兴趣点、长途运行自动规划加油站或充电站等特定场景下才能被激发的智能功能，对于此类系统功能的评价，也需要通过实际道路测试来帮助实现。

# 7.2　面向用户体验的测试与评价

## 7.2.1　基于高效维度的评价指标

指标体系（indication system）是由多个指标按照某种关系构成的整体。

《人机交互工效学（第220部分）》中，交互可用性的效率与绩效是高效维度指标的重要参考。效率主要指用户完成任务所需资源；绩效主要指完整性与准确性。

据此，高效维度指标主要有两部分，分别是感知绩效与操作绩效，这两个二级指标分别对应的是上述的效率与绩效，两者互补且可以互相作为彼此的验证指标。其中，感知绩效可采用主观与客观评价，操作绩效则只采用客观评价。基于高效维度的评价指标如表7-3所示。

表7-3 基于高效维度的评价指标

| 一级指标 | 二级指标 | 三级指标 | 指标示例 | 指标解释 | 主客观测评方法 |
|---|---|---|---|---|---|
| 高效 | 操作绩效 | 任务完成程度 | 正确任务数量、放弃任务次数 | 用户使用人机交互系统进行某项交互任务最终的完成程度 | 客观 |
| | | 任务完成速度 | 在特定交互模式下完成任务所花费的时间、手指移动距离 | 对于一项交互任务，用户从开始操作到最终正确完成操作的时间越短，任务完成速度越快 | 客观 |
| | | 任务完成准度 | 与目标的空间距离、完成任务尝试次数、正确操作与总操作步骤的比例、非必要操作步骤数 | 用户执行交互任务过程中所需尝试的非必要操作越少，任务完成准度越高 | 客观 |
| | 感知绩效 | 易感知 | 回视次数、眼跳次数、主观评价 | 用户在执行交互任务时，交互界面中的信息能够被用户感知的程度，包括视觉可感知、听觉可感知、触觉可感知等 | 主观＋客观 |
| | | 易理解 | 注视时长、操作时长、主观评价 | 用户在执行交互任务时，界面中的信息与用户的常识相匹配，且容易被用户理解的程度，包括视觉元素、语音语义等 | 主观＋客观 |
| | | 易学习 | 瞳孔直径、脑电信号、主观评价 | 用户在执行交互任务时，界面中的信息不过于复杂，且容易被用户记忆的程度 | 主观＋客观 |

（1）操作绩效

操作绩效主要涵盖任务完成的程度、速度以及准度三个部分。

① 任务完成程度。主要指任务完成的完整性，其客观评价指标是用户成功（失败）完成任务的数量或百分比。

② 任务完成速度。主要指完成任务所花费的时间资源，其客观评价指标是手指移动距离、常规任务的持续时间等。为了方便进行量化处理，通常会限制任务的交互功能或交互模式等。

③ 任务完成准度。主要指任务完成的准确性，其客观评价指标是量化后的误差，不同的交互任务误差有不同的量化指标，涵盖信息检索误差、空间精度误差和完成任务时不必要的操作步骤数等。

（2）感知绩效

感知绩效主要涵盖易感知、易理解和易学习三个部分。感知主要指在用户与座舱发生交互体验时，其视觉、听觉等对模态信息的获取。

① 易感知的主观评价主要反映的是用户是否可以及时发现功能入口、关键元素等完成交互任务所需的信息。当用户需要通过视觉与座舱进行交互时，其在注视不同点时的眼跳数据可以被反映和记录，那么这种眼球的移动轨迹就是易感知的一项客观评价指标。

② 易理解的主观评价主要反映的是在用户与座舱发生交互时，用户在执行任务期间的认知能力。通常情况下认为，注视目标信息的时间越长，用户所花费的认知资源越多。因此，注视持续时长可作为客观指标来衡量用户的认知理解过程。用户注视持续的时间越长，其理解效率越低，侧面反映出交互系统的易理解性越差。

③ 易学习的主观评价主要反映的是用户能否迅速掌握交互系统以及是否具备运用系统完成任务的能力。当用户与系统进行交互时，用户的学习时间、眼动、脑电以及学习次数这些相关的生理指标可作为客观评价指标。

## 7.2.2　基于愉悦维度的评价指标

愉悦维度的评价主要指驾乘人员的体验感受。通常情况下，用户在与座舱系统进行交互的过程中会存在多个愉悦感的来源，不仅有生理层面的直观感受，也有心理层面的体验。

根据用户在使用座舱系统时不同层级的愉悦感体验，在指标的划分上可以用"舒适"和"满意"作为二级指标。在愉悦维度的测试评价中，采用主观评价指标与客观评价指标相结合的方式来进行测评，这样可以保证准确且真实地反映用户使用座舱产品时的愉悦程度。基于愉悦维度的评价指标如表7-4所示。

表7-4　基于愉悦维度的评价指标

| 一级指标 | 二级指标 | 三级指标 | 指标示例 | 指标解释 | 主客观测评方法 |
|---|---|---|---|---|---|
| 愉悦 | 舒适 | 信任度 | 系统提供给用户的信息是否准确、用户是否认为自己能够在任何时候完全掌控座舱 | 用户在使用系统功能/模式时的掌控信心 | 主观 |
| | | 趣味度 | 交互反馈/语音形象/人设/方言；UI/灯光/动态纹理、操作流畅感、服务新奇性 | 用户在使用系统功能/模式时感受到的趣味度 | 主观 |
| | | 认同度 | 产品认同度、品牌认同度 | 用户对产品/品牌的价值认同度 | 主观 |
| | | 推荐度 | 功能推荐度、产品推荐度 | 用户向他人推荐系统中某项功能/应用/模式的意向程度 | 主观 |
| | 满意 | 感官满意度 | 视觉满意度、听觉满意度、肤觉满意度、嗅觉满意度 | 用户在感官层面上对于座舱内各界面及空间环境营造方面的满意程度 | 主观+客观 |
| | | 功能满意度 | 座椅、导航、音乐、电话 | 用户在执行交互任务时，对于功能支持的满意程度 | 主观+客观 |
| | | 操作满意度 | 屏幕、语音、按键、手势 | 用户在执行交互任务时，对于交互过程的满意程度 | 主观+客观 |

（1）舒适

舒适主要指用户在使用座舱产品时，以及使用过后所产生的体验与感受，具体可划分为以下四个三级指标。

① 认同度。用来体现用户对全部座舱产品及品牌的认可程度。

② 信任度。用来反映用户对座舱系统交互模式或交互功能的信赖程度。

③ 趣味度。用来反映用户在与座舱系统交互的过程中所感受到的乐趣程度，主要包含对交互内容、操作方式以及功能模式等方面的趣味感受程度。

④ 推荐度。用来体现用户向周围人推荐该座舱系统或系统中某种应用、模式、功能等的意向程度。

（2）满意

作为用户对座舱系统综合体验后的关键性评价指标，满意主要用于反映用户在体验座舱产品过程中与体验完成后的满意程度，主要针对功能、操作与感官三个方面。根据愉悦感的来源，可以将满意度分为以下三个三级指标。

① 操作满意度。用来反映用户在与座舱系统进行交互过程中对操作步骤的满意程度。

② 功能满意度。用来反映用户通过座舱产品的相关功能满足个人需求时，对于某项功能及其效果的满意程度。

③ 感官满意度。用于体现用户对座舱中各界面的感官满意程度，包含用户的视觉、听觉、嗅觉和触觉等的体感体验，涉及用户对座舱造型、色彩、灯光、湿度、温度、气味及声音等诸多方面的多维评价。

在以上三个满意度指标中，前两项不仅可以进行静态满意度测评，还可以在此基础上对用户在交互过程中的体验进行动态满意度评价。

## 7.2.3 面向用户体验的测评方法

（1）主观测试评价方法

主观评价主要指用户在与座舱系统交互过程中以及过程后的自我体验感受。主观测评方法之于智能座舱系统主要用来评估其整体的系统可用性量表、SAE（Societyof Automotive Engineers，美国汽车工程师学会）十级满意度和接受度量表、TAM（technology acceptance model，技术接受模型）等，还可以用来在座舱交互任务完成后的深度访谈与问卷评价等，或是用来评估用户心理负荷与任务负荷指数等。由于主观测评方法过于依赖人的感受，所以不同用户的体验感受表达会存在偏差，因此需要用户体验的客观数据对其进行有效性检验。

（2）客观测试评价方法

不同于主观测试评价方法，客观测试评价可以对用户在进行任务过程中的生理变化、动作行为以及认知活动等进行客观的量化评价，具体包含生理状态分析、肢体动作分析、脑活动分析、眼动分析以及面部表情分析等。

① 生理状态分析。主要分析用户在进行交互任务的过程中呼吸频率、心率、肌电等生理表征的数据变化。

② 动作行为分析。可以通过用户在执行交互任务过程中对中控界面触摸时的指尖方向变化频率、指尖总移动距离、操作时长、操作步骤等采集用户在交互时的操作数据，从而分析用户体验。

③ 认知活动分析。可以用来对与中控界面信息交互的眼睛的瞳孔直径、注视轨迹以及注视热点图来分析用户喜恶，该分析可以按照交互模态的差异来选取不同的客观数据来源。

④ 脑活动分析。主要分析用户在执行任务时，或进行交互体验过程中的脑电波或 fNIRS（functional near-infrared spectroscopy，近红外脑功能成像）数据，这种方法适合在没有明显外部表征的情况下。若是有明显的外部表征，即通过脑活动所产生的情绪流露出来，则可以通过面部表情分析用户感受，主要分析其对产品产生的高兴、讨厌以及惊讶等各种情绪。

（3）主客观结合的测试评价方法

为构建更加准确、科学、有效的智能座舱用户测试评价方法，采取将主客观测试评价相结合的方法，这样既保留了主观评价可分级、可分类量化的优势，也具备了客观评价的客观性与准确性的优点。主客观结合的测试评价方法的主要特点是：

① 可以对客观评价数据进行处理，完成去噪与特征提取，最终得到更加有效的客观评价数据。

② 可以对用户交互体验完成后的主观评价数据进行处理，完成筛选与客观验证，最终得到更加有效的主观评价数据，还可以获得用户满意度与接受度分级分类的评价分布。

③ 可以对座舱各功能对应的主客观评价数据进行相关性分析，若存在相关性，则数据有效，可被列为智能座舱功能交互的评价中；若不存在相关性，则说明主客观测评数据存在问题，不能列为最终评价结果。

④ 可以分析并揭示用户在交互过程中产生不同等级满意度的原因，据此对座舱系统进行优化。除此之外，该方法应该考虑到参与测试评价用户的性别、年龄等特征。

# 7.3　交互功能测试平台方案设计

## 7.3.1　交互功能测试需求分析

近年来，智能化技术快速发展，并逐渐被应用到各个领域中，其中，智能化技术在汽车领域的应用加快了汽车智能化发展的速度，推动汽车领域研发出各类智能座舱产品，这进一步丰富了新一代汽车的卖点。同时，汽车领域的各个主机厂和零部件厂商也纷纷加入研究智能座舱产品的队伍当中，推动智能座舱在汽车领域普及应用，消费者在选购车辆时也开始将智能座舱作为一项十分重要的评估内容。

智能座舱在研发环节的质量风险与其功能的复杂程度和集成度之间存在十分密切的关系，也就是说，功能的复杂度和集成度较高的智能座舱在研发过程中的质量风险也相对较高。对于一些复杂度较高的座舱软件系统，如果沿用人工测试，不仅成本高、效率低，而且伴随快速迭代的重复测试会造成大量资源的浪费。因此，在智能座舱的研发领域，配套测试技术的开发也不容忽视。

智能座舱的交互功能测试应该主要侧重于两个方面：其一，功能测试需求，即测试智能座舱的各项交互功能能否满足设计初衷，具有比较理想的表现；其二，性能测试需求，即智能座舱的整体性能如何，是否能够满足用户的需求。除此之外，汽车领域的相关工作人员在进行智能座舱测试时还需要充分发挥座舱交互式功能测试技术的作用。

（1）功能测试需求

智能座舱的功能测试验证需要在应用功能逻辑策略的基础上完成对人机界面（HMI）切换、语音交互、外设交互和电源适配等功能的验证工作。

① 人机界面切换。主要涉及对 HMI 滑屏切换、界面层级验证、界面元素拖拽、界面一致性验证等功能的正向切换逻辑验证。

② 语音交互。主要涉及对语音合成、语音识别、语义识别、语音识别率、多语种语音交互测试和多方言语音交互测试等人机语音交互功能的验证。

③ 外设交互。主要涉及对 U 盘通断、U 盘媒体播放、移动终端互联等智能座舱外设功能的验证。

④ 电源适配。主要涉及对智能座舱的电压适应能力的验证和对智能座舱在不同的电压环境和供电条件下功能状态的测试。

（2）性能测试需求

性能测试指的是对智能座舱的稳定性、可靠性和用户体验感进行测试，一般来说，性能测试的内容主要包括界面切换的流畅程度、屏幕拖动的流畅程度、指令发送的响应时间、应用程序的启动时间等。性能测试需要对产品的实际应用表现进行评价，并对各项评价进行从主观到客观的转化，通过分析实际数据等方式来提高评价的客观性，以便根据客观的测试结果来优化用户的体验感。

（3）智能座舱交互式功能测试需求

智能座舱开发需要以用户需求为核心，不断进行迭代和升级，但传统的手动测试存在测试效率低下、成本支出过高等不足之处，难以有效满足智能座舱的各项测试需求，因此，相关工作人员还应进一步加强对交互式功能测试技术的研究，进一步提高智能座舱中的各项交互式功能的测试效率和软件迭代速度。

## 7.3.2 交互功能测试平台方案

（1）整体技术路线

智能座舱的性能主要体现为人机交互功能。针对智能座舱的传统测试方式主要为人工测试，即测评人员分别通过发送语言指令、收听系统反馈、点击屏幕等方式测试系统的交互功能。因此，自动化交互测试平台的整体技术路线也可以遵循类似的逻辑，即借助人工智能技术和设备对智能座舱的语音识别、界面识别等性能进行测试，其具体测试系统架构如图 7-4 所示。

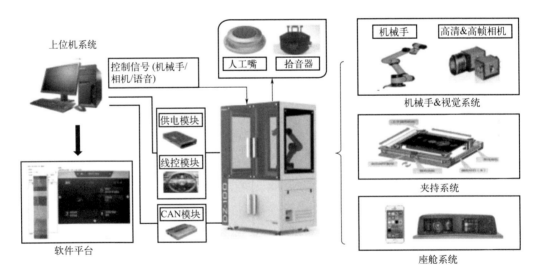

图 7-4 智能座舱交互式功能测试系统架构

从整体系统需求来看，智能座舱交互式功能测试涉及多条技术路线，具体来说，整体技术路线如表 7-5 所示。

表7-5　整体技术路线

| 序号 | 控制功能 | 解决方案 |
|:---:|:---:|:---|
| 1 | UI 界面切换 | 配置 6 轴机械臂拟人手动作 |
| 2 | 界面识别 | 配置摄像头实现机器视觉自动识别 |
| 3 | 语音交互 | 采用人工嘴、拾音器模拟人机语音交互 |
| 4 | 电源模拟 | 程控电源实现电源控制 |
| 5 | 总线交互 | 配置总线仿真板卡，实现总线交互 |

交互式功能测试系统具有较强的测试功能，能够对智能座舱系统的耐久性、流畅度、响应时间、语音交互、手机交互、用户界面功能验证、控制器局域网总网（controller area network，CAN）通信交互等功能和性能进行测试。

（2）关键技术要点

① 机械手动作控制。为了充分满足人机交互测试在触控动作仿真方面的要求，智能座舱中还需装配 6 自由度机器人和相应的力觉机构。从实际操作上来看，相关工作人员需要在机器人控制接口的基础上进行二次开发，以融合标定和控制的方式来将机器视觉算法融入机械手动作控制过程，确保机械手动作控制在各项应用中的灵敏度和准确度。具体来说，机械手参数配置如表 7-6 所示。

表7-6　机械手参数配置

| 指标项 | 参数值 |
|:---:|:---|
| 自由度 | 6 |
| 工作范围 | 1300mm/360° |
| 负载 | 5kg |
| 额定寿命 | 30000h |
| 协同操作 | 根据 ISO 10218-1:2011 进行协同操作，具备"安全适用的受监控停止""拖动示教"以及"功率与力限制"等协作机器人安全功能 |
| 符合标准 | 符合欧盟 CE 认证、北美认证、韩国 KCs 认证、中国 CR 认证 |
| 重复定位精度 | ±0.03mm |

在具体的测试过程中，通过对相关参数进行设置，即能使得机械手做出对应的拖拽、滑动、点击等类似人手的动作。

② 机器视觉算法。机器视觉算法可以为汽车智能座舱充分发挥交互式功能测试技术的作用提供支持，助力智能座舱完成对 HMI 图像的处理工作，相关测评人员需要根据智能座舱交互功能测试的实际需求有针对性地开发响应时间算法、流畅度分析算法、视觉快速标定算法、抗干扰图像处理算法和高精度图像特征识别算法等测试所需的各类视觉算法。

为了完成各项功能测试和性能测试任务，汽车智能座舱中应装配高清工业相机和高帧率工业相机。智能座舱中的高清工业相机和高帧率工业相机能够和机械手协同作用，精准控制被测设备，并助力智能座舱实现图像识别功能，同时也能够借助两套摄像头系统和双工位设计来为智能座舱实现有效的多屏交互测试提供强有力的支持。

在具体的测试过程中，机器人借助高清相机以及图像识别技术能够获得准确的坐标定位，以便确保操作坐标和迁移结果的准确性。除此之外，智能座舱也可以利用帧率达到 125fps 的高帧率相机来采集图像信息，同时借助图像处理算法来对各项图像信息进行处理，自动计算出各项相关功能的响应时间和流畅度，并对计算结果进行分析。具体来说，工业相机参数配置如表 7-7 所示。

表7-7　工业相机参数配置

| 指标项 | 高帧工业相机 | 高清工业相机 |
| --- | --- | --- |
| 分辨率 | 2048×1536 | 2448×2048 |
| 帧率 | 125fps | 36fps |
| 接口 | USB 3.0 | USB 3.0 |
| 传感器 | Sony IMX252 帧曝光 CMOS | Sony IMX264 帧曝光 CMOS |
| 像素尺度 | 3.45μm×3.45μm | 3.45μm×3.45μm |
| 像素深度 | 8/10 bits | 8/10 bits |
| 光谱 | 黑白 / 彩色 | 黑白 / 彩色 |

一般来说，机器视觉识别可支持智能座舱实现图标识别、字符显示识别、启动时间计算、光学字符识别（optical character recognition，OCR）、指针类指示识别和流畅度性能测试等诸多功能。

③ 语音交互。智能网联汽车可以利用人工嘴将音频指令传输到座舱系统，以便通过座舱系统来识别和响应音频指令，利用工业相机和拾音器等设备完成对图像和反馈音频的采集任务，进而实现对界面响应精准度的有效衡量和对音频响应逻辑的分析验证。

具体来说，语音交互式功能测试系统架构如图7-5所示。

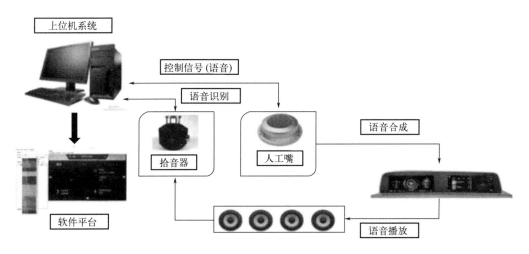

图7-5　语音交互式功能测试系统架构

智能座舱中装配有具备离线内置功能的语音合成离线引擎工具，能够在离线状态下完成各项语音合成任务，且支持使用多种声线、语种和方言。具体来说，系统可以充分发挥语音合成功能的作用，借助文本来输入语音指令，并在此基础上自动生成在音色、语种、方言类型等方面符合实际需求的人类语言播放文件。不仅如此，在联网状态下，语音识别功能还能够对待测设备中的语音内容进行识别和判断，检测输出语音内容在语义上的正确性。

④ CAN仿真监测模块。智能座舱系统需要利用CAN总线来与整车系统中的各个节点进行信息通信和数据交互。与此同时，智能座舱中的CAN总线分析仪也能够为智能座舱交互式功能测试系统仿真和检测交互信号提供支持。

CAN总线分析仪支持CAN2.0A、B协议，且符合ISO 11897-1规范，同时还集成了两路带有灵活数据交换的控制器局域网总网（CAN with flexible data rate，CANFD），当波特处于40Kbps～1Mbps时，CAN将会充分发挥自身的通信功能，在编程过程中发挥重要作用，同时还能够利用软件来控制自身内置的 120Ω 终端电阻。不仅如此，CANFD 还可以支持 ISO 标准和 BOSCH 标准，并在波特率处于 100Kbps ～ 5Mbps 时，为各项编程任务提供支持。

⑤ 座舱交互式功能测试软件。座舱交互式功能测试软件具有开发测试序列和测试脚本的功能，具有集成度高、应用难度低等特点，能够围绕智能座舱测试需求展开各项控制操作，并对评价模块进行封装。除此之外，座舱交互式功能测试软件是依托 .NET 免费开源开发平台进行开发的，用户在具体的应用过程中不仅可以根据需要调整操作方式，而且可以快速获得生成报告。同时，该软件支持多种运行方式，也能够利用以太网来进行信息通信，并借助应用程序编程接口（application programming interface，API）来为其他各个系统调用相关数据信息提供支持。

座舱交互式功能测试软件中融合了用例复制、图形化操作、图片一键替换、测试执行计划配置、测试结果调整等多种技术手段，能够实现测试流程设计、测试流程编写、测试流程管理、测试用例的图形化编辑、参数变量统一配置、用例图片资源统一配置、测试执行范围定制、测试程序执行顺序定制、测试程序执行次数定制、多格式测试报告生成等功能。

## 7.3.3 交互功能测试结果验证

座舱交互功能测试系统能够对智能座舱的相关功能和性能指标进行测试，比如语音交互性能、系统的流畅度和响应时间等。其中，该系统在 UI 功能验证和响应时间验证方面发挥着十分重要的作用。

（1）UI 功能验证

由于用户界面直接决定了用户的使用体验，因此 UI 功能测试是智能座舱系统测试的重要组成部分。借助于功能测试系统自动化地进行 UI 功能测试，可以自动对 UI 界面进行对比和分析，并获得相应的测试报告。与传统的测试方法相比，系统测试不仅效率更高，而且也有助于节约人力成本。

具体来说，典型 UI 切换工况如表 7-8 所示。

表7-8　典型UI切换工况

| 测试类型 | 用例编号 | 用例描述 |
| --- | --- | --- |
| 功能测试 | AT-1-1-1 | 高德地图，进入 / 退出测试 |
| | AT-1-1-2 | 音乐，进入 / 退出测试 |

| 测试类型 | 用例编号 | 用例描述 |
| --- | --- | --- |
| 功能测试 | AT-1-1-3 | 电台，进入 / 退出测试 |
| | AT-1-1-4 | 有声新闻，进入 / 退出测试 |
| | AT-1-1-5 | 电话，进入 / 退出测试 |
| | AT-1-1-6 | 本地设置，进入 / 退出测试 |
| | AT-1-1-7 | 车辆设置，进入 / 退出测试 |
| | AT-1-1-8 | 唱吧，进入 / 退出测试 |
| | AT-1-1-9 | 生活服务，进入 / 退出测试 |
| | AT-1-1-10 | 天气，进入 / 退出测试 |

（2）响应时间验证

当用户发出需求指令后，系统的响应时间也就影响了用户的使用体验。在某些情况下，如果响应时间过长，甚至可能会威胁用户的生命安全。因此，响应时间是一项极其重要的测试指标。为了确保用户使用体验评价的客观性，相关测试人员需要针对不同的工况来对响应时间进行精准测量，并对各项测量结果和相关数据进行详细记录。具体来说，响应时间测试工况如表7-9所示。

表7-9　响应时间测试工况

| 测试类型 | 用例编号 | 用例描述 |
| --- | --- | --- |
| 响应时间 | AT-2-1-1 | 车机启动时间 |
| | AT-2-1-2 | 仪表冷启动时间 |
| | AT-2-1-3 | 倒车影像启动时间 |
| | AT-2-1-4 | 导航路径规划时间 |

交互式功能自动化测试序列和交互式功能自动化测试脚本是支持智能座舱完成自动化测试的关键，一般来说，相关工作人员需要在相应的测试序列和脚本中设置每条响应时间，并对每次运行的情况进行记录。就测试结果来看，智能座舱交互式功能测试系统能够针对响应时间进行自动化测试，并对各个动作的响应时间进行详细记录，同时也能够自动分析测试结果。

## 参考文献

[1] 汪志鸿,于德营,马天泽,等.车用操作系统技术现状及发展趋势 [J].汽车工程,2023,45(06):910-921.

[2] 王慧,蔡晓勇,张泽莹,等.汽车智能座舱多屏互动方案 [J].汽车电器,2023,(04):6-7.

[3] 蔡萌亚,王文丽.汽车智能座舱交互设计研究综述 [J].包装工程,2023,44(06):430-440.

[4] 何灿群,殷晴,徐杰新.汽车座舱人机交互智能化设计的研究综述 [J].人类工效学,2023,29(02):70-75.

[5] J.D.Power 君迪.智能座舱的七大趋势 [J].汽车与配件,2023,(04):26-27.

[6] 夏欢,郑李强,郑春平,等.汽车智能座舱发展现状及未来趋势研究 [J].时代汽车,2023,(04):149-151+158.

[7] 刘尧,李亚楠.智能座舱多模态交互技术发展现状及趋势 [J].汽车实用技术,2023,48(01):182-187.

[8] 李函遥,王馨,郁淑聪.智能座舱人机交互发展趋势 [J].时代汽车,2022,(23):16-18.

[9] 笪琳娜,欧先国,邓婳,等.智能座舱交互体验的现状与展望 [J].汽车实用技术,2022,47(22):35-39.

[10] 柳文斌,俞瑞华,陈铖彬,等.基于场景体验的汽车智能座舱创新方法探索 [J].汽车零部件,2022,(11):82-85.

[11] 李维杨.试论汽车电动智能化发展趋势 [J].现代工业经济和信息化,2022,12(11):81-83.

[12] 晏江华,刘铁山,郑苗苗,等.智能座舱系统测评技术研究 [J].中国汽车,2022,(08):51-57.

[13] 闵志刚.基于智能驾驶需求的汽车智能座舱设计发展现状及未来趋势探究 [J].时代汽车,2022,(15):127-129.

[14] 袁雅琪.基于"1+X"课证融通的中职《智能网联汽车检测与运维》课程开发研究 [D].广州:广东技术师范大学,2022.

[15] 薛真艺.智能网联汽车上市公司投资价值研究 [D].南宁:广西大学,2022.

[16] 吕钢.智能座舱域控制器的软件架构设计与开发 [D].济南:山东大学,2022.

[17] 绳鹏.基于嵌入式 Linux 的车载终端软件设计 [D].合肥:中国科学技术大学,2022.

[18] 潘妍,张也,周瑞坤,等.我国智能网联汽车操作系统研究 [J].电子元器件与

信息技术，2022,6(05):142-146.

[19] 李丹，郑红丽，回姝，等.智能网联时代汽车智能座舱操作系统的发展 [J].汽车文摘，2022,(05):1-6.

[20] 回姝，郑红丽，顾莹.汽车智能座舱发展趋势下的机遇和挑战 [J].汽车文摘，2022,(05):7-11.

[21] 郑红丽，丁冠源，回姝，等.5G 通信时代汽车智能座舱发展趋势 [J].汽车文摘，2022,(05):12-15.

[22] 张雷，郭欣，张乐乐.智能座舱用户偏好研究 [J].时代汽车，2022,(09):56-58.

[23] 王保东.智能座舱的前世今生和未来 [J].时代汽车，2022,(07):167-168.

[24] 刘宗巍，宋昊坤，郝瀚，等.中国智能网联汽车产业人才需求预测研究 [J].科技管理研究，2022,42(05):129-137.

[25] 王军雷，冀然.基于专利分析的智能座舱系统技术研究 [J].汽车文摘，2022,(02):47-51.

[26] 郁淑聪，孟健，郝斌.基于驾驶员的智能座舱人机工效测评研究 [J].汽车工程，2022,44(01):36-43.

[27] 田野.华为打造智能汽车解决方案 [J].智能网联汽车，2022,(01):68-69.

[28] 王韬.汽车智能座舱设计现状及发展趋势研究 [J].时代汽车，2021,(23):158-159.

[29] 马宁，王亚辉.智能汽车座舱人机交互任务复杂度分析方法 [J].图学学报，2022,43(02):356-360.

[30] 郭欣，李兵，梁本双.汽车智能座舱热点分析及发展趋势展望 [J].汽车与驾驶维修（维修版），2021,(11):50-53.

[31] 郑劫.智能座舱的三组关键词 [J].汽车观察，2021,(10):58-61.

[32] 任广乐，赵帼娟，李立安.一种双 SoC 智能座舱域控设计 [J].汽车实用技术，2021,46(19):23-27+33.

[33] 周毅.基于 QNXHypervisor 技术的汽车智能座舱研究与设计 [D].上海：上海交通大学，2021.

[34] 冯远洋，孙锐，王洪艳，等.汽车智能座舱发展现状及未来趋势 [J].汽车实用技术，2021,46(17):201-206.

[35] 马文双，秦丽蓬，臧金环.使用场景下智能座舱功能如何配置？[J].汽车纵横，2021,(09):44-47.

[36] 徐瀚祺，宫承波.交通场景的沉浸式传播探究——以 AR-HUD 和透明 OLED 屏幕等透明显示设备技术的应用为例 [J].新闻爱好者，2021,(08):37-41.

[37] 金安敏．智能座舱中的趋势与艾迈斯欧司朗的解决方案 [J]．电子产品世界，2021,28(08):12.

[38] 黎冲森．智能座舱技术的场景化创新 [J]．汽车纵横，2021,(07):61-65.

[39] 张静．传统车企：向智能要差异化 [J]．汽车观察，2021,(07):34-37.

[40] 奚美丽，张远骏．自动驾驶操作系统现状与发展趋势 [J]．汽车与配件，2021,(12):64-71.

[41] 涂少碧．汽车智能座舱内部的"传感之道" [J]．电子产品世界，2021,28(06):25-27.

[42] 李文博．面向汽车智能座舱的驾驶员情绪行为影响、识别与调节方法研究 [D]．重庆：重庆大学，2021.

[43] 曾梦瑾．汽车智能座舱设计体验用户满意度测试评价方法研究 [D]．重庆：重庆大学，2021.

[44] 陈卓华．场景体验驱动下的新能源汽车内饰设计研究 [D]．广州：广州美术学院，2021.

[45] 周毅，朱兰娟．智能座舱中 HMI 设计发展趋势研究 [J]．时代汽车，2021,(10):113-114+117.

[46] 高驰．虹软科技：智能化变革之下汽车座舱将如何被重新定义？ [J]．汽车与配件，2021,(07):34-35.

[47] 李军．驾驶员侧顶置气囊概念设计与 CAE 优化 [D]．重庆：重庆理工大学，2021.

[48] 刘涵昱，时瑞浩，蒋建辉．5G 通信时代汽车智能座舱发展趋势探讨 [J]．广东交通职业技术学院学报，2021,20(01):33-37.

[49] 郁淑聪，孟健，张渤．浅谈汽车智能座舱发展现状及未来趋势 [J]．时代汽车，2021,(05):10-11.

[50] 杜曾宇，黄晓延，蒙锦珊．智能座舱的关键技术 [J]．时代汽车，2021,(05):143-144.

[51] 边旭东，张亦弛，谢卉瑜．浅谈智能座舱的"一芯多屏" [J]．时代汽车，2021,(06):12-14.

[52] 崔卫国．智能座舱的下一个五年 [J]．上海汽车，2021,(02):13-16.

[53] 王镭，庞有俊，王亚芳．智能座舱 HMI 人机交互界面体验及未来趋势浅析 [J]．时代汽车，2021,(03):15-17+20.

[54] 骆玲莉．智能数字化座舱 [J]．汽车零部件，2020,(12):111.

[55] 刘键，鲁艺，许泽君，等．智能座舱睡眠舒适度的实证研究 [J]．包装工程，

2020,41(22):66-71+82.

[56] 陈海峰.智能座舱：带来不一样的用车体验 [J]. 上海信息化，2020,(10):41-44.

[57] 邓戬.智能网联汽车电子电气架构设计与试验研究 [D]. 长春：吉林大学，2020.

[58] 俞庆华.NDT 推出面向下一代智能座舱应用的压感触控解决方案 [J]. 汽车零部件，2020,(08):95.

[59] 杜莎."软件定义汽车"成为未来趋势，引领行业变革 [J]. 汽车与配件，2020,(15):46-49.

[60] 杜莎.汽车座舱从"工具"演变为"智能助手"，整车厂传统的设计开发流程面临哪些挑战？[J]. 汽车与配件，2020,(15):58-59.

[61] 杜莎，高驰."智能座舱"的进阶逻辑 [J]. 汽车与配件，2020,(15):34.

[62] 杜莎，高驰.对话 EBUX/UI 设计负责人 FrankUhlig：软件供应商如何打造未来汽车用户体验？[J]. 汽车与配件，2020,(15):44-45.

[63] 杜莎.智能座舱的核心是提升用户体验 [J]. 汽车与配件，2020,(15):6.

[64] 杜莎，高驰.对话佛吉亚未来座舱中国区业务负责人王佳栋：系统供应商如何将"智能座舱"产业化进行到底？[J]. 汽车与配件，2020,(15):35-37.

[65] 陈琦.延锋：汽车智能座舱"黑科技"5 年内实现落地 [J]. 汽车与配件，2020,(13):52-54.

[66] 迎九.智能座舱的变革及 ADI 的解决方案 [J]. 电子产品世界，2020,27(05):7+15.

[67] 周满满.智能座舱技术对汽车产业链组织结构的影响 [J]. 汽车与配件，2020,(03):49-51.

[68] 孙彪，刘佳欣.面向年轻群体的智能汽车内饰探究 [J]. 设计，2019,32(21):61-63.

[69] 王亚辉.智能汽车座舱人机交互认知机制与评价方法研究 [D]. 西安：西北工业大学，2019.

[70] 高欣.汽车智能座舱的生命健康状态监测系统研究 [J]. 汽车维护与修理，2019,(20):78-79.

[71] 薛楠.新时代智能座舱面面观：更舒适、更懂你的人因工程 [J]. 智能网联汽车，2019,(05):90-93.

[72] 郭子衡.智能车载驾驶员行为识别研究 [D]. 南京：东南大学，2019.

[73] 张晓聪.汽车智能座舱发展现状及未来趋势 [J]. 汽车纵横，2019,(08):42-45.

[74] 吕钊凤.北斗＋智能网联汽车大有可为，北斗星通发布首款高精度智能座舱 [J]. 智能网联汽车，2019,(03):92-94.

[75] 刘毅刚.智能座舱趋势研究 [J]. 广东化工，2019,46(08):120-122.

[76] 杜莎 . 未来，智能驾驶舱已来 [J]. 汽车与配件，2019,(05):44-49.

[77] 杨劲松 . 智能汽车时代，智能座舱引领未来科技 [J]. 产城，2018,(08):18-19.

[78] 本刊编辑部 . 伟世通：全面提升座舱体验 [J]. 汽车与配件，2016,(19):41.

[79] 吴文海，张源原，刘锦涛，等 . 新一代智能座舱总体结构设计 [J]. 航空学报，2016,37(01):290-299.

[80] 乔勇军，谢晓方，时磊，等 . 基于视频图像的座舱智能辅助训练系统设计 [J]. 激光与红外，2010,40(03):277-281.